Christian Buder

Schwimmen, ohne nass zu werden

atb aufbau taschenbuch

Christian Buder wurde 1968 in Memmingen geboren. Er studierte erst Betriebswirtschaft, dann Philosophie in Marburg, Paris und Chicago. Er lebt mit seiner Frau und seiner Tochter in Berlin.

Als Aufbau Taschenbuch sind von ihm zwei sehr ungewöhnliche Kriminalromane erschienen, in denen die Heldin mithilfe der Philosophie Mordfälle löst: »Die Eistoten« sowie »Der Tote im Moor«.

»Jeder Mensch hat Träume und Wünsche. Die meisten Menschen glauben jedoch, dass diese für sie nicht erreichbar sind. Ihre Sicht auf die Welt ist auch gleichzeitig die Grenze ihrer Wünsche. Sie denken, dass ihre Rolle in der Welt festgeschrieben ist und ihr Leben in fremdbestimmten Grenzen verläuft. Von sich selbst sagen sie, dass sie Realisten oder bescheidene Menschen sind. Nichts davon ist wahr. Denn es gibt keine Realität, die von allen Menschen gleich erkannt und vor allem auch anerkannt wird. Es gibt eine Vielzahl von Realitäten, die nebeneinander und ineinander existieren. Sie bedingen einander, und sie sind in ständiger Bewegung.

Wenn Sie wissen wollen, wie erfolgreiche Menschen denken und warum diese auch nach großen Niederlagen nicht aufgeben, dann lesen Sie dieses Buch zweimal. Einmal, um das jahrtausendealte Prinzip zu verstehen, und noch einmal, um Ihr eigenes Leben, Denken und Handeln danach auszurichten. Erfolg, Zufriedenheit und Glück im Leben sind nichts, wofür es einfache Anleitungen gibt, auch wenn viele Ratgeber dies versprechen.

Glück ist kein Zustand, den man erreicht, sondern eine Art zu denken und letztendlich eine Art zu leben.«

Christian Buder

Schwimmen, ohne nass zu werden

Wie man mit Philosophie glücklich wird

 aufbau taschenbuch

MIX
Papier aus verantwor-
tungsvollen Quellen
FSC
www.fsc.org   FSC® C083411

ISBN 978-3-7466-3160-8

Aufbau Taschenbuch ist eine Marke
der Aufbau Verlag GmbH & Co. KG

1. Auflage 2015
© Aufbau Verlag GmbH & Co. KG, Berlin 2015
Umschlaggestaltung und Illustration www.buerosued.de, München
Gesetzt in der Minion Pro durch Greiner & Reichel, Köln
Druck und Binden CPI books GmbH, Leck, Germany
Printed in Germany

www.aufbau-verlag.de

Für Félicie, Manon und meine Eltern

1. Das Prinzip der Bewegung   9

2. Die unendliche Leichtigkeit   19
    Der Dunkle   21
    Das Loch in der Kaffeetasse   24
    Ich weiß selbst, was gut für mich ist   27
    Die unendliche Leichtigkeit des Seins   33
    Zootiere und Beamte   37

3. Der Mythos vom Richtigen Zeitpunkt   43
    Es ist immer zu spät oder noch zu früh   45
    Intriganten und Hindernisse   55
    Kinderfragen   63
    Kreativität ist nicht angeboren   67
    Wenn das Ich nicht in den Aufzug
        passt   74
    Ratgeber, auf die man verzichten kann   80
    Illusionen und Realität   85
    Wer hat Angst vorm schwarzen Mann?   89

4. My fucking life – Ich habe nur dieses   95
    Betreten auf eigene Gefahr   97
    Da kann alles passieren und nichts   101
    Heraklit war gut zu Fuß   105
    Gott, der ewige Wanderer   118
    Ist alles relativ?   128

Notausgang   136

Hintertüren   141

5. Scheitern als Lifestyle   149

Die Kultur des Scheiterns: Von Beckett zu
Kazantzakis   151

Frustrationslogik   155

Scheitern mit Godot   161

Griechisch scheitern mit Sorbas   174

6. Die Kunst zu schwimmen, ohne nass zu werden   179

Going with the flow   181

Kraft durch Denken   191

Brazilian Jiu-Jitsu   201

Der Atlas des Ichs   213

Heraklit   219

1. Das Prinzip der Bewegung

Haben Sie sich schon einmal gefragt, warum manchen Menschen alles gelingt, während andere vom Pech verfolgt scheinen? Haben Sie sich noch nie gewundert, warum die Mehrheit der Menschen in einer Gesellschaft sich mit einem Leben zufriedengeben, das ihnen nicht gefällt? Wundern Sie sich manchmal nicht, warum viele Menschen sich nicht einmal vorstellen können, ein anderes Leben zu führen, geschweige denn ihr Leben tatsächlich zu ändern? Glauben Sie daran, dass ein glückliches und zufriedenes Leben genetisch oder gesellschaftlich bestimmt ist? Oder glauben Sie, dass jeder Mensch die Möglichkeit hat, sein Leben zu gestalten, und dass auch Gesellschaften von jedem einzelnen Menschen geformt und verändert werden? Glauben Sie an die Macht der Veränderung, die in jedem von uns steckt?

Nein, Sie glauben, dass ein Unbekannter im Hintergrund oder ein System die Entscheidungen für Sie trifft? Dann hilft Ihnen dieses Buch, ein Denken zu lernen, das Ihre Sicht auf die Welt und auf Ihr eigenes Leben grundlegend verändert.

Dies hat nichts mit Zauberei oder Esoterik zu tun. Es ist ein Prinzip des Denkens. Heraklit erkannte vor zweieinhalbtausend Jahren das Prinzip des ewigen Wandels. Große Denker wie Hegel, Nietzsche oder der Physiker Einstein erkannten die Kraft des Prinzips, das sicherlich noch älter als all unsere Überlieferungen ist.

Jeder kann dieses Prinzip lernen. Sie benötigen kein Studium, um es zu verstehen. Das Prinzip selbst erweitert Ihre geistigen Fähigkeiten. Es ist eine Art Turbotreibstoff für Ihr Gehirn. Mit etwas Übung werden Sie nicht nur Ihre geistigen Fähigkeiten stärken: Ihr Leben ändert sich; Ihre Mitmenschen werden es positiv an Ihnen bemerken, was Ihnen lange für unmöglich galt, wird plötzlich realisierbar.

✳ ✳ ✳

Jeder Mensch hat Träume und Wünsche. Die meisten Menschen glauben jedoch, dass diese für sie nicht erreichbar sind. Ihre Sicht auf die Welt ist auch gleichzeitig die Grenze ihrer Wünsche. Sie denken, dass ihre Rolle in der Welt festgeschrieben sei und ihr Leben in fremdbestimmten Grenzen verlaufe. Von sich selbst sagen sie, dass sie Realisten oder bescheidene Menschen seien. Nichts davon ist wahr. Denn es gibt keine Realität, die von allen Menschen gleich erkannt und vor allem auch anerkannt wird. Es gibt eine Vielzahl von Realitäten, die nebeneinander und ineinander existieren. Sie bedingen einander, und sie sind in ständiger Bewegung.

Wenn Sie wissen wollen, wie erfolgreiche Menschen denken und warum diese auch nach großen Niederlagen nicht aufgeben, dann lesen Sie dieses Buch zweimal. Einmal, um das jahrtausendealte Prinzip zu verstehen, und noch einmal, um Ihr eigenes Leben, Denken und Handeln danach auszurichten. Denn es ist noch kein Meister vom Himmel gefallen. Erfolg, Zufriedenheit und Glück im Leben sind nichts, wofür es einfache Anleitungen gibt, auch wenn viele Ratgeber dies versprechen.

Glück ist kein Zustand, den man erreicht, sondern eine Art zu denken und letztendlich eine Art zu leben.

* * *

Ein Freund fragte mich, warum ich denn noch ein Buch zu Glück, Erfolg und Lebensverwirklichung schreiben wolle, es gebe doch schon so viele. Möglich, antwortete ich ihm, aber keines der Bücher, die er mir nannte, hatte mich überzeugt, und von denjenigen, die ich gelesen hatte, waren es nur wenige, die in mir eine Spur hinterlassen hatten. Ein anderer Grund ist, dass Bücher nicht auf Anfrage produziert werden. Jedenfalls nicht die Bücher, hinter denen ein überzeugter Autor steht. Jedes Buch hat seine Wurzeln im Leben des Autors. Manche sind sich des Ursprungs ihrer Stoffe bewusst, andere nur zum Teil oder gar nicht. Jeder Leser macht aus dem Buch etwas Besonderes, indem er es liest, neu deutet und mit anderen teilt.

Ich wollte keine philosophische Abhandlung über den Begriff der Bewegung schreiben, und es liegt mir fern, Heraklits Denken anhand der Fragmente, die die Jahrtausende überstanden haben, zu analysieren oder wissenschaftlich darzustellen. Dafür gibt es Fachliteratur und massenweise Dissertationen. Es ist wohl, einfach ausgedrückt, ein Selbstmotivationsführer durch mein eigenes Ich. Es sind Erkenntnisse und Einstellungen, die mich weitergebracht haben. Warum also sollte dies nicht auch für andere Menschen funktionieren?

∗ ∗ ∗

Der Ursprung dieses Buches war eine Art Aha-Erleb-
nis, ohne dass ich mir zu diesem Zeitpunkt schon des
Prinzips bewusst war. Genau genommen war es das
Erleben einer Grenze, mit der ich mich abzufinden
hatte.

Ich wollte unbedingt Philosophie studieren. Doch
ohne Abitur war dies unmöglich. Es blieb mir nur
der Weg, den Abschluss nachzuholen. Ich war knapp
zwanzig Jahre alt und hatte gerade die Fachhochschul-
reife mit dem Schwerpunkt Wirtschaft abgeschlossen.
Ein Zweig, der mir überhaupt nicht lag. Doch meine Schullaufbahn ließ gar nichts anderes mehr zu, als
mich irgendwie im Bereich »Wirtschaft« zurechtzufin-
den. Eine völlige Neuorientierung schien aussichtslos.
Doch noch aussichtsloser war die Vorstellung, dass ich
für den Rest meines Lebens als Sachbearbeiter einer
Firma oder in der Stadtverwaltung tätig sein würde.
Ich würde mein Leben lang nur »tätig sein« und andere bewundern, die es irgendwie geschafft haben, ihre
Träume zu erfüllen oder ihren eigenen Weg zu gehen.

Nach abgeschlossenem Wirtschaftsstudium an der
Fachhochschule hatte ich die allgemeine Hochschul-
zugangsberechtigung. Kurz: Ich konnte Philosophie
studieren. In den ersten zwei Semestern an der Mar-
burger Fakultät bekam ich ein Buch des französischen
Philosophen Jacques Derrida in die Hände. Die un-

glaubliche Freiheit und Leichtigkeit, wie Derrida dachte und Wissen in seinem Denken verwob, faszinierten mich derart, dass ich bei ihm in Paris studieren wollte. Die Ernüchterung kam bald: Ich sprach weder Französisch, noch hatte ich Grundkenntnisse in der Schule gehabt. Der Traum vom Philosophiestudium in Frankreich zerplatzte an meinen fehlenden Sprachkenntnissen. Eine Professorin für Romanistik gab mir den Rat, erst einmal vier oder fünf Jahre intensiv Französisch zu lernen, und selbst nach einem intensiven Studium wäre es eine Herkulesaufgabe, Philosophie zu studieren. Dort sei die Sprache wichtiger als in naturwissenschaftlichen Fächern und das Niveau eines Muttersprachlers nötig. Mein Vorhaben nannte sie schlichtweg unrealistisch und bei meinen Sprachkenntnissen unmöglich.

Ich erinnere mich nicht mehr genau, was in diesen Tagen in meinem Kopf vorging, ich weiß nur, dass ich drei Wochen später mit meinem 205 Peugeot in Paris war, auf Wohnungssuche. Was hatte mich zu dieser Entscheidung gebracht, wo doch jeder – einschließlich meiner Freunde – mir versicherte, dass ich ein unrealistischer Träumer sei? Warum war das »unmöglich« keine Grenze für mich?

Der Grund war, dass ich an etwas in mir glaubte, das in mir war, von dem ich zu diesem Zeitpunkt noch keinen Begriff hatte. Es war etwas, das in allen von uns steckt. Ein Prinzip, das schon in der Philosophie von Heraklit vor 2500 Jahren auftauchte. Das Prinzip ist der Grundstein, der uns zu bewussten Menschen macht, uns befreit und uns Glück und Hoffnung gibt.

Mein Problem fehlender Sprachkenntnisse löste sich zwar nicht von allein, war aber weitaus weniger entscheidend für mein Studium. Nach gut zwei Jahren hatte ich meinen Magisterabschluss in der Tasche und nach sechs weiteren Jahren meine Promotion. Im Rückblick erscheint die Unmöglichkeit nun selbst unmöglich. Es ist so, als hätte der Erfolg die anfängliche Unmöglichkeit in der Vergangenheit revidiert. Es scheint so, als wäre es eben schon immer möglich gewesen. Im Augenblick der Entscheidung setzte sich etwas in mir in Gang, was ich erst später das *Prinzip der Bewegung* nennen würde.

Warum dieses Prinzip unser ganzes Denken und Sein bestimmt, habe ich in diesem Buch zusammengefasst.

Doch gehen wir erst ein paar Jahrtausende zurück, als es noch kein elektrisches Licht, kein Fernsehen, kein Internet und keine Autos gab, aber schon Denker, die in der Mittagshitze im Schatten von Olivenbäumen an der Feinmechanik des Menschheitsgedächtnisses arbeiteten.

2. Die unendliche Leichtigkeit

Der Dunkle

In zweieinhalbtausend Jahren würden die Menschen ihn den »Dunklen« nennen. Dunkel ist der Sinn seiner Worte, und dunkel ist sein Leben. In der Tat weiß man nicht viel über das Leben des Heraklit aus Ephesos. Was von ihm blieb, ist eine besondere Art, die Welt und sich selbst zu betrachten.

Die Mittagshitze brannte auch damals schon auf die karge Erde. Zwischen den Olivenbäumen war der kühlste Schatten. Heraklit lehnte sich an den Stamm und zeichnete mit dem Finger Kreise in den Staub. Kreise und Ringe, die weder einen Anfang noch ein Ende hatten. Das Zirpen der Grillen war um diese Zeit lauter als das Plätschern eines Flusses. Um ihn war alles in Bewegung. Nichts hatte Bestand. Der Fluss strömte seiner Bestimmung entgegen und löste sich irgendwo im Meer auf. Der Olivenbaum, an dem er lehnte, wuchs und wandelte sich im Innern. Heraklits Atem ging gleichmäßig, und sein Herz schlug rhythmisch.

Nichts war ewig, dachte Heraklit, außer der Wandel selbst. Sein Herz würde eines Tages aufhören zu schlagen, sein Atem würde versiegen. Er würde verschwinden wie der Fluss im Meer.

»Wer in dieselben Flüsse hinabsteigt, dem strömt anderes und wieder anderes Wasser zu.«[1]

Wie der Fluss, so sind wir und sind wir nicht. Und sowenig wir zweimal in denselben Fluss steigen können, so wenig sind wir dieselben, nachdem wir diesen Gedanken zu Ende gedacht haben. Jeder Gedanke verändert uns, und wer sich nicht erinnern kann, der fließt im Fluss der Zeit, ohne es zu wissen. Das Prinzip der Bewegung oder der Wandlung hat keinen Beginn und kein Ende. Es sind die Kreise, die Heraklit vor zweieinhalbtausend Jahren in den Sand gezeichnet hat. Was unverändert und fest scheint, ist nur eine Illusion. Dahinter fließt alles. Die Welt ist ständig in Bewegung. Wir sind ständig in Bewegung. Unser *Ich* ist nur eine Illusion. Seine Wirklichkeit liegt irgendwo in der Vernetzung von Milliarden von Neuronen unseres Gehirns. Doch sowenig wir uns unseres Gehirns bewusst sind, so wenig haben wir eine Vorstellung von dem Wandel, dem wir dauernd unterworfen sind.

---

1 Übersetzung nach Wilhelm Capelle, Die Vorsokratiker, S. 132

Was geschieht aber, wenn wir uns bewusst machen, dass wir durch unser Denken UNS verändern können? Was passiert mit uns, wenn wir begreifen, dass wir selbst an der Form arbeiten, die wir gern haben möchten? Wenn wir in unserem täglichen Leben berücksichtigen, dass alles, was wir tun, denken oder auch nicht tun, unser Selbst bestimmt?

Die Erkenntnis ist einfach: Unser Selbst ist etwas Fließendes. Es setzt sich aus einer Vielzahl von Gedanken, bewusst oder unbewusst Erlebtem zusammen.

Die entscheidende Erkenntnis ist, dass unsere Gedanken und Vorstellungen, unsere Art, die Welt und andere Menschen zu sehen, uns nicht nur prägen und formen, sondern es ist der Mörtel, aus dem unser Selbst besteht. Je mehr wir unsere Vorstellungen und Gedanken kennen, die uns formen, desto mehr Kontrolle haben wir über uns selbst. Und wer sich selbst kennt, der weiß auch, wie er auf seine Mitmenschen wirkt. Er wird nicht passiv von der Welt geprägt, sondern er formt die Welt.

Das Loch in der Kaffeetasse

Wer Bewegung und Wandel denkt, wer im Fluss der Dinge denkt, der stößt unvermeidlich auf das, woran man Bewegung oder Wandel misst: das Unveränderliche. Ist nun damit etwas gemeint, das selbst keinem Wandel unterworfen ist? Bei Platon waren es die Ideen, die man sich vorstellen muss wie einen perfekter Plan für die Welt, dem nur eines fehlt: die perfekte Umsetzung. Für Parmenides waren die Dinge der täglichen Wahrnehmung nur Scheinwahrheiten. Die wirkliche Welt war für Parmenides verborgen hinter den wahrgenommenen Dingen. Eine Welt des Unwandelbaren und Göttlichen. Die Scheinwelt ist wie die »Matrix« im Film der Wachowski-Brüder, das heißt, eine Welt, die wir wahrnehmen, und eine dahinterliegende Welt, die in Wahrheit unser Schicksal bestimmt.

Parmenides und Heraklit vertreten zwei Arten des Denkens, wie sie entgegengesetzter nicht sein können.

Für Parmenides ist der Grund allen Seins etwas Starres und die Wahrnehmung nur ein bewegter Schleier. In Heraklits Augen unterliegt alles einem ewigen Wandel. Das Sein ist etwas sich stetig Veränderndes wie ein Fluss, in den man nie zweimal steigen kann. Dabei verhalten sich die beiden Denker wie der Rand der Kaffeetasse zu ihrem Innern. Dort, wo das Nichts der Tasse ist, liegt ihr eigentlicher Nutzen. Das Loch in der Tasse kann nur sein, wenn es einen festen Rand gibt. Beides muss miteinander gedacht werden. Weder das eine noch das andere besteht für sich.

So müssen wir uns auch die beiden Denkarten vorstellen. Die Denker der »Bewegung« als erstes Prinzip und die Denker des »Unveränderlichen«. Sie sind nur zwei Seiten derselben Medaille. Wir werden an späterer Stelle noch sehen, dass das Prinzip der *Bewegung* immer auch ein Denken in Gegensätzen ist: Das Loch der Tasse existiert erst durch den Rand, das fließende Wasser im Fluss durch das feste Ufer.

Das einseitige Denken hat jeweils auch eine eigene Lebenseinstellung zur Folge. Wer sich nur an festgenagelten Wahrheiten durch das Leben hangelt, hat wenig Chancen, sein Leben zu ändern oder kreativer zu gestalten. Äußere Einflüsse und Schicksalsschläge erschüttern solche Menschen stärker. Wer auf der anderen Seite keinen festen Halt hat und im Fluss treibt, ist nicht Herr seines Lebens. Er lässt sich treiben und wird von anderen Menschen und äußeren Dingen bestimmt. Ohne Bewusstsein des *Bewegungsprinzips* gibt es auch kein eigenverantwortliches Leben, keine Freiheit und keine Selbstbestimmung.

Ich weiß selbst, was gut für mich ist

Spätabends nach einem Seminar über das »Prinzip der Bewegung im Alltag« sprach mich eine ältere Dame, die an dem Seminar teilgenommen hatte, an der Bushaltestelle an. Es begann zu regnen, und ein kalter Wind zog auf. Ich war müde und wollte eigentlich keine Unterhaltung. Die Dame war selbst müde, dennoch schien sie mir etwas mitteilen zu wollen, was sie vorhin am Ende des Seminars nicht sagen wollte.

»Als ich noch zwanzig war, da hätte ich mir so etwas wie das Prinzip der Bewegung noch vorstellen können. Damals glaubte ich noch, dass die Welt uns gehört …«

»Wer ist uns?«, fragte ich dazwischen.

»Na, der Jugend eben. Wir, die wir so jung und tatkräftig waren.«

»Und das ist jetzt anders?«

»Natürlich ist es anders. Jetzt bin ich fast siebzig. Mit dem Alter schrumpft auch die Summe aller Möglichkeiten, die man hätte verwirklichen können.«

Sie zitierte mit der *Summe aller Möglichkeiten* eine Stelle aus meinem Seminar, die sie sich aufgeschrieben hatte.

»Mit dem Alter wird auch die Summe des Versäumten immer größer«, fuhr sie fort, »und das kann man nicht einfach wegdenken. Dafür gibt es kein Prinzip. Man muss da realistisch sein.«

Wir hatten noch über zehn Minuten, bis die Straßenbahn kam. Sie führte ein Beispiel nach dem anderen in ihrem Leben auf, die beweisen sollten, dass ihr Leben eben so war, wie es war, weil es nicht anders sein konnte. Als sie ausgeredet hatte, fragte ich sie, wann sie denn angefangen habe, sich nicht mehr jung zu fühlen.

»Was meinen Sie mit jung?«

»Ich meine, das Alter, das Sie erwähnten, in dem Ihnen alle Möglichkeiten offenstanden?«

Sie starrte eine Weile in den Regen, dann sagte sie: »Als ich mein erstes Kind bekam.«

»Sie wollten das Kind nicht?«

»Doch schon, aber so ein Kind schränkt eben ein.«

»Und von den unzähligen Möglichkeiten, die Ihnen offenstanden – welchen Wunsch hatten Sie in Ihrer Jugend? Wie stellten Sie sich Ihr Leben vor?«

Sie zuckte mit den Schultern und schaute nervös auf die Tafel der Straßenbahn. Sie drückte sich unter das Dach der Haltestelle. Ich dachte schon, sie würde jetzt einfach auf und davon gehen.

»Ich kann mich nicht erinnern.«

»Glauben Sie, dass alle Möglichkeiten, von denen Sie glaubten, dass Sie Ihnen früher offenstanden, auch wirklich etwas waren, was Sie wollten?«

»Ich kann mich nicht erinnern, jemals etwas gewollt zu haben. Da die meisten aller Möglichkeiten irgendwie nicht realistisch waren. So wollte ich, als ich noch ein Kind war, einen Laden haben, in dem ich Stricksachen verkaufe. Aber davon konnte man eben nicht leben. Deshalb ging ich ins Büro ...«

»Haben Sie jemals etwas unternommen oder darüber nachgedacht«, fragte ich weiter, »wie Sie einen Wunsch in Lebensrealität umsetzen? Oder waren da immer Grenzen?«

»Nicht jeder hat es einfach im Leben«, sagte sie und fühlte sich offensichtlich angegriffen.

»Niemand hat gesagt, dass es einfach ist, ein selbstkontrolliertes Leben zu führen. Aber eines kann ich Ihnen sagen: Es ist nie zu spät.«

Die Unterhaltung endete an diesem Abend. In der Straßenbahn wechselten wir kein Wort mehr. Die Frau blickte zum Fenster hinaus. Ich habe sie nie mehr wiedergesehen. Einige Monate später lag jedoch eine Postkarte in meinem Postkasten. Der Absender war unbekannt. Auf der Vorderseite war ein Modegeschäft zu sehen: »Handgemachte Strickwaren«. Auf der Rückseite standen nur wenige Worte: »Vielen Dank. Es ist nie zu spät. Sie hatten recht. Mit jeder Bewegung (es war rot unterstrichen) ergeben sich neue Möglichkeiten. Auch solche, die man noch nicht kannte. Gezeichnet: die Frau im Regen.

* * *

Ich erinnerte mich an die Frau und an meine Müdigkeit an diesem Abend, und es freute mich, dass die wenigen Sätze, die wir gewechselt hatten, in ihr etwas bewirkt hatten, das ihrem Leben einen neuen Antrieb gab. Dies klärte auch die Frage, für wen ich dieses Buch schreibe und wen ich in meinen Seminaren damit anspreche: Es gibt keinen bestimmten Personenkreis und auch keinen Typus von Mensch, der sich von dem *Prinzip* angesprochen fühlt. Es ist für jeden, der über sich selbst mehr wissen, der über sich selbst bestimmen will und der daran glaubt, dass er noch Fähigkeiten in sich hat, von denen er noch nichts ahnt.

Das klingt zunächst nach Esoterik und Zauberei. Bei genauem Hinsehen sind diese Fähigkeiten schon immer da gewesen. Sie wurden nur nicht abgerufen, weil sie nicht gebraucht wurden. Dies sieht man vor allem bei Unternehmensgründern. Keiner der Gründer von Amazon oder Google hatte vor der Gründung seines Unternehmens Fähigkeiten, wie man einen Weltkonzern leitet. Sie hatten eine vage Grundidee oder einen Traum. Als das Unternehmen erfolgreich war und sie selbst an der Spitze eines Weltunternehmens standen, sah es so aus, als wären sie schon immer die erfolgreichen Macher gewesen. Ihr späterer Erfolg hat ihnen sozusagen *retroaktiv* Fähigkeiten zugesprochen, die sie vorher nicht hatten. Mit dieser retroaktiven Verkehrung schuf man das geborene »Genie« oder »das Talent«, das schon immer ein wenig anders war. Und plötzlich haben es alle schon immer gewusst. In Wirklichkeit unterscheidet Sie nur eines von dem »Genie«. Das Genie war jemand, der an seine Träume glaubte und auch daran, dass es möglich ist, diese zu realisieren. Der Realist ist also nicht, wie die Frau im Regen zunächst meinte, derjenige, der die *verschwundenen Möglichkeiten* bedauert, sondern derjenige, der seine Perspektive ändern kann und der immer neue Möglichkeiten sieht.

Man braucht weder eine bestimmte philosophische Vorbildung noch einen Hang zur Sinnsuche im Leben. Es ist an Sie persönlich gerichtet. Es soll Ihnen helfen, Ihre Wünsche und Träume zu entdecken und an sie zu glauben. Es ist das Buch Ihrer Träume und Wünsche. Es ist das Buch, mit dem ich mich direkt an Sie wende, so wie ich mich an einen guten Freund wende, der mich um Rat fragt. Ich will Ihnen nicht mein Leben als Beispiel vorgeben und auch nicht, dass Sie meine Meinungen und Vorstellungen übernehmen. Dies müssen Sie für sich selbst herausfinden, denn jedes Leben ist anders. Wir können uns aber über die Methode unterhalten, wie wir dieses Leben entdecken, wie Sie Ihr Leben entdecken. Was mir und anderen Menschen geholfen hat, kann auch Ihnen helfen. Was Unternehmern, Künstlern, Politikern, Sportlern und Denkern geholfen hat, die Welt und ihr Leben besser zu verstehen, ihre geheimen und intimen Methoden ihrer Lebensgestaltung, fasse ich in diesem Buch zusammen. Jemand mag später sagen, es sei nicht vollständig oder noch unzureichend. Das ist wahrscheinlich. Das gehört zum Prinzip der Bewegung.

Nichts ist jemals vollendet bis zu dem Zeitpunkt, bis man es als vollendet betrachtet.

Dies ist die Bedingung des Glücks, und das ist auch der Beginn des Unglücklichseins.

Die unendliche Leichtigkeit des Seins

Über die Frage, wie man ein glückliches Leben führt, ist so viel gedacht worden, dass man damit die Hälfte aller Bibliotheken der Welt füllen könnte. Doch warum ist Glück so wichtig für uns Menschen? Sind wir Menschen die Einzigen, die nach Glück streben? Kennen Ameisen Glück? Ist ein Tiger in freier Wildbahn glücklich? Ist er im Zoo unglücklich? Lässt sich Glück überhaupt definieren? Kann man es erreichen?

Ich erinnere mich an die Weisheit eines chinesischen Philosophen. Der weise Spruch stand auf einem Abrisskalender, den ich zu meiner Studienzeit neben meinen Computer gehängt hatte.

Wer versucht, Glück zu erreichen, hat es schon verloren.

Die Weisheit war so reichhaltig wie Knäckebrot, allerdings waren auch die anderen Texte, die ich über Glück fand, nicht ergiebiger.

Es dauerte ein paar Jahre, bis mir der Kalenderspruch wieder in den Sinn kam. Ich studierte bereits in Paris Philosophie, als ich auf einen ebenso paradox scheinenden Satz bei Hegel stieß. Die Welt der Denker und Kalenderblattsprüche waren scheinbar das Spielfeld paradoxer Wahrheiten. Hegels Satz hatte zunächst gar nichts mit Glück zu tun. Er redete von der Zeit.

Zeit ist, wenn sie nicht ist.

Doch wie konnte etwas sein, wenn es nicht ist? Aber solche »Dinge« gab es. Es waren »Dinge«, von denen wir häufig nur eine Seite wahrnahmen. So war die Stille nur etwas, was existierte, wenn kein Geräusch da war. Oder die Dunkelheit war nur da, wenn Licht nicht da war. Sie haben alle eines gemeinsam. Begriffe wie »Nacht« oder »Stille« werden durch die Abwesenheit von etwas anderem bestimmt. Sie sind eigentlich nur denkbar, wenn man sie in Bewegung denkt. In der Stille sowie in der Nacht wirkt dasselbe Prinzip der Bewegung, derselbe »Fluss« wie im Glück. Glück ist etwas Fließendes und kein Zustand. Glück ist die Abwesenheit von Unglück. Glücklich ist danach niemand, der »Glück hat«, sondern derjenige, der nicht aufhört, Unglücklichsein zu vermeiden. Wenn Sie sich also auf Ihr Glück konzentrieren wollen, dann müssen Sie wissen, was Sie unglücklich macht. Das Wissen über Ihr persönliches »Unglücklichsein« ist auch gleichsam der Schlüssel zu Ihrem Glück.

Der Psychologe Paul Watzlawick schrieb ein witziges und bedeutendes Buch über das Glück oder, besser gesagt, wie man es nicht erreicht (Paul Watzlawick, *Anleitung zum Unglücklichsein*, München, 1983), und gab damit schon eine Stoßrichtung vor, wodurch sich Glück auszeichnet. Es ist kein Zustand und kein erreichbares Ziel. Man kann Glück lediglich verpassen. Das Meer des Unglücklichseins scheint jedoch endlos groß. Wie ist es aber möglich, dass man glücklich sein kann und dies auch für lange, wenn Glück nur von kurzer Dauer Bestand hat oder etwas ist, das man nicht erreicht und bestenfalls immer verpasst?

Betrachtet man Glück als etwas, das man vollenden kann, also als einen Zustand höchster Erfüllung, dann ist Glück dann erreicht, wenn man diesen Zustand als vollendet betrachtet. Aber genau darin liegt der Haken. In der Vollendung liegt auch das Ende. Es ist der Moment, in dem Glück sich nicht mehr steigern lässt und nur noch dauert. Es verschwindet hinter seinem eigenen Horizont. Die Bedingung von Glück ist – so paradox sich dies auch anhören mag –, dass es nicht *vollendet* sein darf.

Glück ist kein Zustand, sondern eine Strategie, Unglücklichsein zu vermeiden.

Watzlawick bedient sich hier auch des alten Treppenwitzes eines betrunkenen Mannes, der nachts im

Schein der Laterne seinen verlorenen Schlüssel sucht. Nachdem ihn ein Passant eine Weile beobachtet hat, fragt er den Betrunkenen, ob er denn sicher sei, den Schlüssel dort im Schein der Laterne verloren zu haben. Der Betrunkene schüttelt den Kopf.

»Nicht hier, sondern dahinten …«

»Warum suchen Sie dann aber im Licht?«, fragt ihn der Passant.

Darauf der Betrunkene: »Weil es dahinten zu finster ist.«

Der Betrunkene ist sich durchaus bewusst, dass er im Schein der Laterne niemals den Schlüssel finden wird. Dennoch gibt er seine Suche nicht auf. Macht man sein Glück nun am Auffinden des Schlüssels fest, so könnte man zunächst glauben, dass der Mann unglücklich darüber ist, seinen Schlüssel nicht zu finden. Auf der anderen Seite sucht er aber weiter, und zwar an einer Stelle, wo er den Schlüssel nicht finden kann. Der Betrunkene weiß also, dass seine Suche nicht erfolgreich sein wird. Betrachtet man den Betrunkenen nun als jemanden Glücklichen, der zwar sinnlos sucht, dafür aber im Licht bleibt, so ist sein *Glücklichsein* eben das Wissen einer sinnlosen Suche. Anders ausgedrückt: Nur solange er sucht, ist er glücklich.

Glücklichsein ist also kein Zustand, sondern eine Art zu leben.

Zootiere und Beamte

Was haben Zootiere mit Beamten gemeinsam? Ein Zusammenhang scheint auf den ersten Blick nur mit viel Phantasie oder mit einer gehörigen Portion schwarzem Humor zu bestehen. Doch beide haben mehr gemeinsam, als man denkt.

Als bei einer Umfrage im Frühjahr 2012 während der Krise junge Spanier befragt wurden, welchen Beruf sie am liebsten ergreifen würden, antworteten neun von zehn: »Beamte« oder »einen Posten beim Staat«. Trotz zahlreicher Programme, jungen Menschen bei Unternehmensgründungen zu helfen, such te der Großteil der befragten jungen Spanier die Sicherheit einer Anstellung beim Staat. Zwar hatte der Staat durch seine Kürzungsprogramme und durch die massive Verschuldung sein Image als sicherer Arbeitgeber eingebüßt, doch schien das Wagnis unternehmerischer Unabhängigkeit keine Alternative darzustellen. Die Vorstellung, dass da jemand ist, der für

Ordnung und Sicherheit sorgt, unter dessen Schutz man sich in Notzeiten begibt, auch wenn dies die Aufgabe von Freiheit und Selbstbestimmung bedeutet, war bei den jungen Leuten vorherrschend.

Ich erinnere mich an ein Interview mit einem jungen Informatiker, Paolo R. Auf die Frage, was er denn nach seinem Studium machen werde, zuckte er nur mit den Schultern.

»Keine Ahnung. Die Zeiten sind vorbei, in denen man das macht, was man möchte. Man nimmt, was man bekommt und wo man am meisten bekommt.«

Ob er daran denke, als Jungunternehmer loszulegen. Die Online-Branche sehe ja noch ganz gut aus. Er schüttelte nur den Kopf.

»Ich will eines Tages Familie. Da suche ich lieber etwas Sicheres. Ein Posten beim Staat. Lehrer oder Systemadministrator irgendwo in einem Archiv ...«

»Was ist mit Ihren Träumen?«

»Kann ich mir nicht leisten ...«

Ich kann mir meine Träume nicht leisten, war der Konsens eines jungen Lebens, das gerade anfing, in der Arbeitswelt Fuß zu fassen. Der erste Schritt jedoch war von Angst geprägt. Der Angst vor Arbeitslosigkeit (was bei den Arbeitslosenzahlen in Spanien nicht verwunderlich ist), vor sozialem Abstieg und Armut. Die meisten interviewten jungen Leute suchten nach einem *sicheren Job.* Dabei standen hoch im Kurs eine Arbeit als Beamter oder ein Job bei einem der großen Staatsunternehmen. Entscheidend war, dass es jemanden gab, der für sie sorgte. Dieser Jemand war der Staat als Garant der Ordnung. Selbstständigkeit und Eigeninitiative, Freiheit und Entscheidung waren plötzlich kein Bedürfnis mehr, sondern mit Angst belegt. Das Selbstvertrauen in die eigene Kreativität war nahezu null.

Für viele war ein abgesicherter Job mit linearen Aufstiegsstufen und linearer Gehaltsentwicklung wichtiger als unternehmerische Eigeninitiative. Auch wenn der abgesicherte Job nicht das war, womit sich viele identifizieren konnten. Auch wenn sie wussten, dass sich nach wenigen Jahren eine gesetzte Langeweile einstellen und eine gewisse Trägheit routinierter Verwaltungstätigkeit mit festen Arbeitszeiten, Stempeluhr, jährlich abgezählten Urlaubstagen und einer erschlaffenden Feiertagsmentalität jede Kreativität und Eigeninitiative ersticken würde, so bevorzugten sie diese Art von Leben. Sie waren – könnte man annehmen – glücklich. Und in Krisenzeiten trug das Glück eben keine Züge von Freiheit und Selbstverwirklichung.

✳ ✳ ✳

Befragt man nun unterschiedliche Menschen, ob Tiere so etwas wie Glück kennen, antworten die meisten, dass Tiere natürlich so etwas wie Glück kennen, denn sie können ja auch leiden. Präzisiert man nun die Frage, indem man fragt, ob denn Zootiere oder Tiere in freier Wildbahn glücklicher seien, so fällt die Antwort immer gleich aus. Keiner der Befragten – Sie können das gern selbst ausprobieren – wird antworten, dass Tiere in Gefangenschaft, selbst wenn sie im Zoo aufgewachsen sind, glücklich sind. Jeder wird Ihnen antworten, dass Tiere in freier Wildbahn, in ihrer natürlichen Umwelt glücklicher sind.

Doch wie kommt es zu diesem Urteil? Wird für die Tiere im Zoo nicht gesorgt? Bekommen sie nicht regelmäßig ihr Futter und müssen sich nicht anstrengen zu jagen? Statt der Gefahren, die in ihrer natürlichen Lebenswelt auf sie lauern, wachsen sie behütet auf. Tierärzte untersuchen sie regelmäßig nach Krankheiten, sie bekommen spezielles Futter und gegebenenfalls Medikamente. Selbst die Partnersuche wird ihnen abgenommen, und ihr Nachwuchs wächst genauso behütet auf wie sie selbst. Ist es die Freiheit, die ihnen zum Glück fehlt? Doch die Freiheit war mit Gefahren verbunden. Jeder Tag war ein Überlebenskampf. Haben sie statt der Freiheit nicht Sicherheit bekommen? Ist ihr Leben nicht lebenswerter geworden, weil es gerade begrenzt und deshalb von Gefahren frei ist? Warum wird keiner der Befragten dieses Leben als glücklich bezeichnen?

Lässt sich aber ein »abgesichertes Leben«, in dem ein Staat oder eine andere übergeordnete Institution die berufliche Lebensplanung übernimmt und die mit einem Verzicht auf Freiheit und Kreativität verbunden ist, nicht mit der Existenz von Zootieren vergleichen? Beide haben ein sicheres und abgesichertes Dasein. Für beide wird gesorgt, und beide sind in einer starren Lebensplanung gefangen. Wie würde die Antwort ausfallen, wenn Sie nun einen Bekannten fragen, ob er denn glaube, dass Beamte glücklich seien. Wie auch die Antwort ausfällt: Sie ist nicht immer eindeutig. Entscheidend ist jedoch nicht der Vergleich, sondern das Ändern der Perspektive. Durch den Vergleich mit den Zootieren ändert sich der Blick auf »abgesicherte« und »starre« Lebensplanungen. Man erkennt, dass Sicherheit nicht umsonst ist. Sie kann nur durch den Verlust von Freiheit und eigener Lebensgestaltung erkauft werden.

Wer von beiden ist nun glücklicher? Derjenige, der für Sicherheit seine Freiheit opfert, oder derjenige, der auf Sicherheit verzichtet und sich dadurch eine größere Freiheit und Gestaltungsmöglichkeit offenhält. Die Meinung der Tiere können wir nicht erfragen. Die Vorstellung, dass sie in freier Wildbahn »glücklicher« sind, ist ein menschlicher Standpunkt. Wir tun so, als wären die Tiere Menschen, und übertragen auf sie unsere Vorstellung von Glück und Unglücklichsein. Bei den Menschen ist dies anders. Da urteilen wir nicht von außen, sondern von einem inneren Standpunkt. Doch plötzlich scheint unser Urteil nicht mehr so klar. Wir können uns sehr wohl ein »Zoodasein« mit wenig Freiheit als glückliches Leben vorstellen – vor allem in Krisenzeiten. Wir können uns aber auch ein mehr selbstbestimmtes und freieres Leben mit viel Risiko vorstellen.

Wichtig ist, dass Sie keine der beiden Vorstellungen für die einzig wahre halten. Betrachten Sie beide als Momente in Ihrem Leben, die Sie jederzeit ändern können. Wenn Sie nach Sicherheit streben, dann streben Sie ruhig eine Beamtenlaufbahn an. Vergessen Sie nur nicht, dass niemand Sie dazu zwingt, diesen Job ein Leben lang zu machen. Und wenn Sie eines Tages Ihren Traum erfüllen wollen, wenn Sie etwa Ihren eigenen Strickladen eröffnen möchten, dann tun Sie es. Es ist nie zu spät. Das »zu spät« oder »zu früh« ist nichts anderes als der Ausdruck einer starren Lebenshaltung. Übertrieben könnte man auch sagen: »Es ist zu gefährlich, einen Schritt nach vorn zu machen. Eines Tages werde ich es tun …« Sie ahnen es schon: Dieser Tag wird nie kommen.

3. Der Mythos vom Richtigen Zeitpunkt

Es ist immer zu spät oder noch zu früh

Man kann sich zu einem bestimmten Zeitpunkt verabreden oder ein Geschäftsessen zu diesem oder jenem Zeitpunkt vereinbaren. Niemand hat Schwierigkeiten mit dem Wort Zeitpunkt. Man sieht auf seine Uhr oder auf seinen Kalender. Doch wie soll man den *Richtigen Zeitpunkt* festlegen?

Mein verstorbener Großvater war ein begeisterter Hobbymaler. Seine Aquarelle, die ich nach seinem Tod in einer Mappe bekam, sind farbige Erinnerungen seiner Kriegserfahrungen. Viel Zeit zum Malen hatte er aber nie. Er träumte immer davon, sich einmal ganz dem Malen widmen zu können, ein eigenes Atelier zu haben und Tage mit der Gestaltung eines Bildes zu verbringen. Als er noch arbeitete, war es die Arbeit, die ihn davon abhielt, sich stärker seinem Hobby zu widmen. Als er in Rente ging, war es meine Großmutter, die ihn anscheinend nicht malen ließ. Und als ich nach ihrem Tod meinen Großvater erklärte, dass er doch nun genug Zeit hätte, um zu malen, entgegnete er mir, dass es jetzt zu spät sei.

Der *Richtige Zeitpunkt* ist nur eine Fiktion, etwas beginnen zu wollen, dessen Beginn sich aber in eine unbestimmte Zukunft verschiebt. Der Zeitpunkt ist hier entweder ein »zu früh« oder »zu spät«. Wenn man den *Richtigen Zeitpunkt* auf eine Linie zeichnen würde, so wäre dies ein Punkt, der nie da wäre, wo man ihn haben wollte.

Der Mythos vom *Richtigen Zeitpunkt* findet sich besonders bei Menschen mit einer starren Lebenshaltung. Sie haben Angst vor Veränderung. Für sie sind Möglichkeiten Risiken, und Herausforderungen sind für sie nur Probleme oder Hindernisse. Dementsprechend verteidigen sie permanent ihre Haltung des Nicht-Tun-Könnens und reden von Schicksal und fehlenden Gelegenheiten.

»Es hat sich nicht ergeben …«

»Ich konnte gar nicht anders als …«

So beginnen meist Sätze von Menschen mit einer starren Lebenshaltung. Ihr Leben verläuft oft erschreckend gleichförmig, und wenn man sie vergleicht, dann ähneln sich die Leben dieser Menschen auf verblüffende Weise.

* * *

So auch das Leben von Ingeborg G. Sie hat mit drei-undzwanzig geheiratet. Bereits zwei Wochen vor dem Jawort wusste sie, dass dieser Mann nicht der richtige war. Zu diesem Zeitpunkt hätte sie ihn schon verlassen müssen. Tat sie aber nicht. Sie blieb bei ihm über dreißig Jahre. Erst nach dreißig Jahren Ehe hat sie ihn verlassen. Aber nicht, weil sie es nicht mehr ertrug, dass sie nicht über ihr gemeinsames Geld verfügen durfte und wie ein Bittsteller jedes Mal fragen muss-te, wenn sie für sich oder ihre Kinder ein Paar Schu-he kaufen wollte, oder weil er Jahrzehnte nur seinem Hobby nachgegangen und nie mit ihr in den Urlaub gefahren war, nein, sie verließ ihn, weil er eine ande-re Frau hatte. Ingeborg G. fand nichts Besonderes da-ran, dass sie zu Hause bei Tisch nur sprechen durfte, wenn ihr Mann es ihr erlaubte, und dass sie sofort ver-stummte, wenn er nur die Hand hob. Auch Jahre spä-ter schien es ihr »ganz normal«. »Er war halt so. Es ist besser, zu schweigen, wenn es den anderen provoziert. Man muss sich anpassen ...«

Erst der Ehebruch war ein Auslöser für Ingeborg. Sie hätte sich auch nicht scheiden lassen, wenn ihr Mann nicht darauf bestanden hätte. Bezeichnend für Ingeborg G.s Leben ist die Vorstellung, dass die wich-tigen Entscheidungen ihr immer aufgezwungen wur-den. Entweder fügte sie sich einem moralischen Gesetz – »… damals war es halt so …« –, dem man zu entsprechen hatte, oder jemand anders traf für sie die Entscheidungen.

Der Kern einer starren Lebensgestaltung geht mit einem blinden Vertrauen in das Schicksal einher. Das heißt, die Dinge kommen, wie sie kommen. Der Mensch kann sie nur akzeptieren und damit umgehen. Oder Gottes Wille war für die Weichenstellung in ihrem Leben verantwortlich. Hier hat das Schicksal noch einen verborgenen Sinn, den nur Gott kennt. Diesem Denken ist eines gemeinsam: das Warten auf den richtigen Augenblick. Die Schicksalsgläubigen halten Ausschau nach dem richtigen Augenblick. Auf der anderen Seite entwickeln sie eine Vorliebe, das Leben von anderen Menschen zu verfolgen, denen etwas gelungen ist, von dem sie nur zu träumen wagen. Sie gehen sogar so weit, diese Leben zu analysieren, und sie finden mit Sicherheit Gründe, warum Pablo Picasso zu dem Maler Picasso oder Ernest Hemingway zu einem Schriftsteller geworden ist. Nur eines findet sich in einer solchen Analyse nicht: der Wille dieser Menschen, etwas zu erreichen.

Haben Sie sich schon einmal gefragt, warum *Ihr Richtiger Zeitpunkt* nie gekommen ist und warum er bei anderen Menschen scheinbar so leichtfüßig ins Leben getreten war?

Die Crux am *Richtigen Zeitpunkt* lässt sich einfach darstellen. Nichts, was vor uns liegt, sagt uns, dass dies die Chance unseres Lebens ist. Das Wissen um den *Richtigen Augenblick* entsteht aus Retrospektive, also aus dem Rückblick. Der *Richtige Augenblick* ist ein Ergebnis unseres Denkens, indem wir vom Ergebnis auf die vorhergehenden Ereignisse und Situationen schließen. Das Fehlen des *Richtigen Augenblicks* ist daher auch nur der Schluss, dass dem fehlenden Ergebnis kein Ereignis oder keine besondere Situation vorherging.

⚹ ⚹ ⚹

Wann ist also *Ihr Zeitpunkt* gekommen? Sie kennen die Antwort: Er wird nie kommen, sondern er ist da, wenn Sie sich entschließen, dass er es ist. Beginnen Sie einfach. Setzen Sie einen Punkt, von dem aus alles beginnen soll.

Der Punkt gehört zu den rätselhaftesten Dingen, die Menschen je erfunden haben. Er ist ein fundamentales Element der Geometrie. Er ist räumlich, doch ist seine primäre Eigenschaft, dass er keine Ausdehnung besitzt. Wohin man auch einen Punkt setzt, er teilt immer eine imaginäre Gerade in zwei Hälften. Man kann sich einen Punkt auch als Kreis mit einem Radius von null vorstellen. Doch auch die Null ist nichts anderes als das Setzen eines Punktes in einem Koordinatensystem. Wie kann man sich nun aber etwas Räumliches vorstellen, das keine Ausdehnung hat, das aber trotzdem das fundamentale Element des Raumes zu sein scheint? Wie groß bzw. wie klein ist ein Punkt? Wie lange ist ein Zeitpunkt? Wann beginnt er, und wann endet er? Diese Fragen lassen sich in der Tat nicht beantworten, wenn man den Punkt eher als etwas Räumliches ansieht denn als etwas, das keine Ausdehnung hat. Sie können gern versuchen, mit einem angespitzten Bleistift einen Punkt zu zeichnen. Unter der Lupe wird auch dieser Punkt eine Ausdehnung haben und einer Scheibe gleichen. Der räumliche Punkt kann, sobald er eine Ausdehnung hat, immer wieder geteilt werden. Der Punkt existiert also im geometrischen Raum wie ein unsichtbarer Fremdkörper, der nur dann existiert, wenn er etwas teilt. *Er ist also dann, wenn er nicht ist.* Er ist also vielmehr eine Lücke ohne Ausdehnung, eine Grenze ohne Grenzstreifen und Stacheldraht. Seine Existenz verrät der Punkt erst, wenn man ihn nicht mehr räumlich betrachtet, sondern als Bruchstelle in jedem geometrischen Raum. Anders ausgedrückt, kann man den Punkt auch als Existenz der Zeit im Raum betrachten.

Mit dem Punkt teilt man etwas. Man setzt eine Grenze. Mit dem Punkt beginnt etwas. Punkte setzen sich nicht von allein. Jemand setzt sie. Und so ist der Punkt nicht nur ein abstraktes Wesen in der Geometrie, er ist der Beweis, dass Sie einen Anfang an etwas setzen. Sie allein setzen etwas in Gang. Stellen Sie sich im Punkt Ihren ganzen konzentrierten Willen vor.

Der Zeitpunkt ist nichts anderes als der Akt, den Sie wählen, um etwas anzustoßen. Dies nimmt Ihnen niemand ab. Im Rückblick wird dieser Zeitpunkt dann der »richtige« oder »falsche« Zeitpunkt sein. Dies hängt davon ab, wie Sie das Ergebnis bewerten. Doch niemand weiß im Voraus, ob der Zeitpunkt richtig gewählt ist oder nicht. Sie können nur aufgrund der gegenwärtigen Situation entscheiden.

* * *

Die Macht der Entscheidung liegt in Ihren Händen. Handeln Sie! Setzen Sie Ihren »richtigen Augenblick«, und wenn Ihr Projekt auch scheitern sollte, so war es doch der »richtige Augenblick«. Vielleicht war dieses Scheitern erst nötig, um Sie zu einer anderen Entscheidung zu bringen. Scheitern als ein Weg, um Ihr Ziel zu erreichen. Oder wie Samuel Beckett es ausdrückte: »Wieder versuchen. Wieder scheitern. Besser scheitern.«[2]

✻ ✻ ✻

Wenn Sie wissen, dass der *Richtige Zeitpunkt* nicht kommen wird, wenn Sie nichts tun, dann fällt auch der Schleier von all denen, die scheinbar zur rechten Zeit, das Richtige getan haben. Sie verfügten nicht über ein Geheimwissen, sondern sie haben zu einem gewissen Zeitpunkt einfach etwas auf den Weg gebracht. Das Geheimwissen all derer, die Sie bewundern, liegt in der Entscheidung, etwas zu beginnen. Wenn Sie in einer Sportart Erfolg haben wollen, so müssen Sie irgendwann einmal mit dem Training beginnen. Es reicht nicht, wenn man sich vor den Fernseher setzt und nur zusieht. Ohne Training geht es nicht, und je härter und disziplinierter Sie trainieren, desto besser werden Sie. Sie werden überrascht sein, wie viel man durch diszipliniertes Arbeiten und Trainieren erreichen kann. Der schlechteste Rat für Sie ist der Rat der

2 Beckett, Samuel in *Worstward Ho,* S. 6 f. Das Originalzitat lautet: »All of old. Nothing else ever. Ever tried. Ever failed. No matter. Try again. Fail again. Fail better.« Übersetzung des Autors: Alles beim Alten. Wieder nichts anderes. Wieder versucht. Wieder gescheitert. Macht nichts. Scheitere noch einmal. Scheitere besser.

sogenannten »Realisten«. Nach der Vorstellung der Realisten fährt man besser, wenn man das akzeptiert, was man hat und ist. Wer keine athletische Figur hat, soll sich mit seinem Bäuchlein zufriedengeben. Training und Mühe lohnen nicht, denn der Körperbau ist genetisch bestimmt. Wer sich als Schriftsteller versuchen will, soll sich keine Hoffnungen machen, denn die Welt ist voll fehlgeschlagener Versuche. Der Friedhof fehlgeschlagener Versuche ist größer als das Feld des Erfolges. In den Augen der Realisten ist es daher realistisch, sich damit abzufinden, dass man nie ein Ken Follett oder Stephen King wird. Wer die Frustration vermeiden will, soll sich damit abfinden, dass man kein Talent hat. Kurz: Die Realisten untergraben jede Motivation, indem sie grundsätzlich vom Scheitern ausgehen. So etwas wie Ehrgeiz und Erfolg durch beharrliche Arbeit kennen sie nicht.

Die Realisten verkennen die Kraft der Gestaltung, die in jedem von uns steckt. Sie unterdrücken die Kraft der Bewegung, die unserem Denken eigen ist. Deshalb: Sie entscheiden, ob Sie sich einen athletischen Körper antrainieren wollen. Der Erfolg ist vielleicht nicht so einfach, wie Sie denken, doch er kommt, wenn Sie Ihr Ziel nicht aus den Augen verlieren. Wenn Sie sich beispielsweise entscheiden, Schriftsteller zu werden, beginnen Sie zu schreiben.

Schreiben Sie Ihren Roman fertig. Verbessern Sie Ihre Technik. Auch wenn Ihnen die ersten Absagen ins Haus flattern, arbeiten Sie weiter. *Wieder versuchen, wieder scheitern ... besser Scheitern.* Disziplin und Arbeit bringen Sie voran. Je härter Sie arbeiten, desto schneller kommen Sie Ihrem Ziel näher. Nur eines dürfen Sie nicht glauben: Es gibt andere, die nicht Ihr wahres Talent erkennen, die Sie am Erfolg hindern oder dass es einfach nicht der richtige Augenblick war ... Es ist vielleicht nicht Ihr erster Roman, der bei einem Verlag angenommen wird, vielleicht auch nicht der fünfte, aber seien Sie sich in einem gewiss: Wenn Sie trotzdem weitermachen, obwohl Ihnen der Erfolg einer Publikation verwehrt bleibt, dann ist die schöpferische Quelle in Ihnen stark genug, um Sie voranzubringen. Qualität und Ausdauer zahlen sich am Ende aus.

Intriganten und Hindernisse

Wie geht man aber mit diesen Realisten um? Was tun, wenn man das Kind solcher »Realisten« ist? Was macht man, wenn man von Menschen umgeben ist, die einen immer nur »auf den Boden der Tatsachen« zurückholen wollen (das heißt letztendlich nichts anderes als ihre Vorstellung von Welt)?

Über die Gründe, warum manche Menschen ihre eigene Welt zum Maßstab aller Dinge machen, kann man stundenlang diskutieren, und man wird zu keinem abschließenden Ergebnis kommen. Einer der Gründe dafür ist sicher, dass Menschen, die nicht nur sich, sondern auch ihre Freunde, Kinder, Mitmenschen und Mitarbeiter davon abhalten, über sich hinauszuwachsen, ist Angst. Die Angst, dass etwas funktioniert, was sie selbst nie gewagt haben. Die Angst, dass es bei einem anderen funktionieren könnte, stellt dann ihr eigenes Leben in Frage. »Das hätte ich auch erreichen können …«

Eine unmittelbare Bewegung in ihrer Nähe macht diesen Menschen Angst. Plötzlich bricht jemand aus dem gewohnten Dasein aus und geht andere Wege. Sie bleiben dann zurück und fühlen sich vom Leben verraten. Derjenige, der es geschafft hat, auszubrechen, verursacht eine Erschütterung im Gefüge alteingesessener Gewohnheiten. Ich beobachtete dieses Phänomen, als ich mich von meiner langjährigen Freundin trennte. Freunde riefen mich entsetzt an und drängten mich dazu, meine Entscheidung zu überdenken: »So eine Frau bekommst du nie wieder ...«, »... sie liebt dich ...«, »... ihr seid das perfekte Paar ...«. Es störte sie ungemein, dass ich aus einem Leben ausbrach, das ich nicht mehr als das meine betrachtete. Obwohl es ganz allein meine Entscheidung war, wühlte mein Entschluss die Gemüter befreundeter Paare auf. Einige brachen die Beziehung zu mir ganz ab, ohne dass es jemals zu einer Aussprache kam oder dass es dafür einen konkreten Grund gab, andere hatten mehr oder weniger Verständnis dafür. Doch jeder fühlte sich irgendwie gestört, so als hätte ich mit meiner Trennung ihr Leben in Frage gestellt. Tatsächlich kam es in einigen Fällen dann später auch zu Trennungen anderer Paare, die wir gekannt hatten. Oft nur einige Wochen oder Monate später. So als hätte es einen Ansteckungseffekt gegeben. Dieses Phänomen konnte ich später noch bei anderen Paaren be-obachten.

Die Realisten haben grundsätzlich Angst vor Ver-änderung. Vor allem, wenn sie in unmittelbarer Nähe stattfindet.

Wer den statischen Käfig moralischer Vorstellun-gen eines bestimmten Beziehungssystems verlässt, muss sich darauf gefasst machen, dass sich Menschen von ihm abwenden. Vergessen Sie nicht: Sobald Sie sich bewegen und etwas wagen, stellen Sie das Leben derer in Frage, die eine starre Lebenshaltung haben.

Fehlende Unterstützung auf Ihrem Weg wird nicht das einzige Hindernis sein, auf das Sie stoßen werden. Je extravaganter und radikaler Sie Ihren Weg gehen, je leichter Sie mit Problemen jonglieren und je mehr Sie Möglichkeiten statt Risiken sehen, desto schwerer wird man Ihnen das Leben machen. Dies folgt einer unheimlichen Logik, die ich den Höhleneffekt nen-ne. Je weniger danach ein Mensch eigene Probleme in seinem Leben lösen kann, je weniger er bereit ist, den Zustand seiner derzeitigen Situation zu verändern, desto vehementer versucht er, die Projekte anderer ka-puttzureden oder sogar zerstörend auf sie einzuwir-ken. Er sitzt praktisch wie die angeketteten Gestalten in Platons Höhlengleichnis gegen eine Wand gerich-tet, auf der er Schatten sieht, die er für die Wirklichkeit hält. Kommt nun jemand, der die Höhlenmenschen aufklärt und ihnen sagt, dass sie einem Trugbild erlegen sind, werden sie ihm dies nicht danken, sondern ihn totschlagen.

Es ist aber auch nicht nötig, mit Ihrer gesamten Familie oder mit Ihrem Freundeskreis zu brechen, nur weil Sie sich entschlossen haben, Ihr Leben radikal zu ändern. Sie müssen nur wissen, wer Ihnen bei Ihrem Projekt zur Seite steht oder Ihre Entscheidung unterstützt und wer Ihnen Steine in den Weg legt. Menschen, auf die Sie bauen können und die Sie unterstützen, sind Stützen. Menschen, die Sie ständig warnen und Ihnen erzählen, dass Sie »vernünftig« werden sollen, sind Hindernisse. Eine dritte Kategorie sind die Intriganten. Sie arbeiten aktiv gegen Sie.

Von den Stützen braucht man nicht viele im Leben. Aber diese wenigen Menschen braucht man. Wenn Sie einen Partner haben, der zu Ihnen steht, ist dies ideal. Denn auf Dauer werden Ihnen Menschen, die Ihnen sehr nahestehen und die nichts anderes im Sinn haben, als Sie vor den Gefahren und Konsequenzen Ihrer Entscheidung zu warnen, die Kraft nehmen. Menschen aus Ihrem Familienkreis, die Sie bei Ihrem Vorhaben zu bremsen versuchen, um Sie »wieder auf den Boden der Tatsachen« zurückzuholen, sind aber weniger störend. Wichtig ist nur, sich die Hindernis-Menschen in einer diplomatischen Distanz zu halten. Wer schon einmal Diplomaten auf Empfängen beobachtet hat, hat festgestellt, dass sie eine Art Smalltalk entwickelt haben, in dem über Gott und die Welt gesprochen wird. Der Diplomat weiß nur, welche Themen er nicht anspricht und wie er es umgeht, dass andere ihn auf unsicheres Terrain führen.

Menschen, die Sie nicht unterstützen, mit denen Sie aber dennoch engen Kontakt haben wie zum Beispiel Eltern, Schwiegereltern, Großeltern, Sportfreunde, Arbeitskollegen, beziehen Sie erst gar nicht in Ihre Entscheidungen mit ein. Wenn Sie Ihrer Schwiegermutter erzählen, dass Sie und Ihre Frau für ein Jahr ins Ausland gehen wollen, und Sie wissen, dass Ihre Schwiegermutter nur mit Angst reagiert, dann brauchen Sie sich nicht zu wundern, wenn sie Ihnen ein Horrorszenario des Landes beschreibt und welche schlimmen Konsequenzen dies für Ihre Familie haben könnte. Machen Sie eine Liste von »No-go«-Themen, von denen Sie wissen, dass Sie nur Gegenwind bekommen. Seien Sie jedoch offen für konstruktive Kritik. Konstruktive Kritik wendet sich niemals gegen das gesamte Vorhaben, sondern sucht Verbesserungen und hebt die Stärken und Möglichkeiten des Projektes hervor. Konstruktiv redet man nicht von Risiken, sondern von Möglichkeiten, weniger von Problemen, sondern von Gestaltungsräu-men. Auch wenn Sie nicht auf diese »No-go«-Themen eingehen, Hindernis-Menschen können trotzdem nicht davon lassen. Meist geschieht dies nicht direkt, sondern in Form von beiläufigen Witzen und Pro-vokationen. Lassen Sie sich nicht auf Diskussionen ein.

Anders ist dies bei Menschen, die aktiv Ihre Ent-scheidung sabotieren wollen. Sie diffamieren Sie öf-fentlich, machen Sie vor anderen schlecht und ver-breiten Unwahrheiten über Sie. Die Grenze zu den Hindernis-Menschen ist oft fließend. Hier bleibt Ih-nen nichts anderes übrig, als sich von diesen Men-schen abzugrenzen: »Das geht nur mich etwas an.« Zeigen Sie dem anderen eine klare Linie.

Wenn Intriganten jedoch diese Linie überschreitet, dann machen Sie sie darauf aufmerksam. Warnen Sie sie, und wenn sie Ihnen immer noch keine Ruhe ge-ben, dann wenden Sie sich von ihnen ab. Denn war-um sollte man den Kontakt zu Menschen pflegen, die nichts anderes im Sinn haben, als einem zu schaden? Fordern diese Menschen von Ihnen Gehorsam und dass Sie sich gefälligst ihrem Willen zu fügen haben, so besinnen Sie sich darauf zurück, dass Sie dies nicht tun müssen. Niemand »gehorcht« freiwillig. Niemand geht zu einem Kaffeekränzchen, bei dem Gehorsam das Fundament der Gemütlichkeit ist. Sie haben die Wahl, sich die Menschen auszusuchen, mit denen Sie Ihre Lebenszeit verbringen.

»Ich muss mir das nicht antun.«

Sagen Sie es laut zu sich selbst.

* * *

Wenn man Ihr Leben und Ihre Entscheidungen nicht respektiert, dann brauchen Sie sich dafür nicht zu rechtfertigen. Denn welche Rechtfertigung Sie auch anführen werden, sie wird nicht ausreichen, um die feindlich gesinnten Menschen zu überzeugen. Ersparen Sie sich die Mühe, jemanden überzeugen zu wollen, der Ihnen als Person nicht wohlgesinnt gegenübersteht. Rechtfertigungen zeigen nur, dass Sie sich noch zu Gehorsam verpflichtet fühlen. Schaffen Sie einfach eine unüberwindbare Grenze zwischen sich und den feindlich gesinnten Menschen. Schweigen Sie, und meiden Sie diese Menschen.

Frei denkende Menschen treten anderen zwangsläufig auf die Füße, und dies umso kräftiger, je weniger ihnen die anderen ihre Freiheit zugestehen. Sie entscheiden, wie viel Freiheit Sie für jemanden aufgeben. Die Worte frei denkender Menschen stoßen bei ihren Mitmenschen auf eisige Gesichter. Sie fürch-

ten sich vor Menschen, die ihr eigenes Leben frei gestalten.

Ein hohler Mensch, meinte Heraklit (oder man legte
es ihm im Laufe der Zeit in den Mund), *erschreckt sich
bei jedem Wort.*

Kinderfragen

Wer erinnert sich nicht an die naiven Fragen von Kindern. Manch einer erinnert sich vielleicht sogar noch an die Antworten, die er selbst auf seine Kinderfragen bekommen hat. Die Antworten auf diese Fragen bleiben uns oft länger im Gedächtnis. Leider vergessen wir die Fragen, und wir vergessen vor allem das Fragen selbst.

Ich erinnere mich an eine Antwort: »Nichts war vor dem Anfang ...«

Die Frage ist mir während meines Erwachsenendaseins abhandengekommen. Ich fand sie bei der Lektüre eines meiner ersten Tagebücher wieder.

»Was war vor dem Anfang der Welt?«

Wer als Erwachsener solch eine Frage stellt (wenn er zudem noch studiert hat), macht sich zwangsläufig lächerlich. Denn die meisten Menschen haben nur die Antwort in ihrem Gedächtnis behalten. Unser Gedächtnis ist ein Sammelsurium vorgefertigter

Meinungen und Behauptungen. Dort, wo wir an die Grenzen unserer Vorstellungen stoßen, haben wir nur ein paar vorgefertigte Antworten parat. Begriffe wie Gott und Ewigkeit sind nur bunte Zaunlatten, die wir gegen unsere Angst vor dem aufstellen, was dahinter sein könnte. Überlegen Sie sich, was Sie Ihrem Kind antworten, wenn es wissen will, was denn vor Gott war, wenn dieser die Welt erschaffen hat. Was war vor der Ewigkeit? Und wenn sie ewig ist und nie angefangen hat, dann dürfte es sie ja gar nicht geben. Der Philosoph Kant hat diese Paradoxa des Denkens herausgestellt. Und Heidegger stellte sich die Frage nach dem Ursprung des Seins: »Warum ist überhaupt Seiendes und nicht vielmehr Nichts? Das ist die Frage.«[3]

Kaum ein Philosoph beschäftigt sich heute noch mit solchen Fragen. Blickt man hingegen in die theoretische Physik, sind Fragen ganz normal wie »Was war vor dem Big Bang?« oder »Wohin dehnt sich das Universum aus?« oder »Warum gibt es nur eine bestimmte Anzahl von Grundelementen?« oder »Gibt es mehrere parallele Universen?« oder »Können wir in die Vergangenheit oder in die Zukunft reisen?«.

Einen genialen Wissenschaftler zeichnet aus, dass er sich nicht verschließt und für scheinbar abwegige

---

3 Einführung in die Metaphysik (1935), Tübingen: Nieymeyer 1998

Fragen offenbleibt. Einsteins Raum-Zeit-Theorie brach grundsätzlich mit der Vorstellung von Zeit und Raum, wie sie Newton noch gedacht hatte, das heißt, Raum und Zeit waren getrennte Einheiten. Die Vorstellung, dass man durch die Bewegung im Raum auch den Verlauf der Zeit verändert, war ein Gedanke, der unsere Vorstellung vom Universum revolutionierte. Einstein konnte Raum und Zeit aber erst dadurch neu denken, dass er die vorhergehenden Ansichten, all die vorliegenden Antworten auf den Kopf stellte. Wäre Einstein bei der damals in der Wissenschaft vorherrschenden Meinung über Raum und Zeit geblieben, hätte er die Relativitätstheorie nicht entwickeln können. Doch wie kam Einstein dazu, die gängigen Vorstellungen in der Physik über den Haufen zu werfen?

Um etwas von Grund auf neu zu denken, muss man sich erst des Koordinatensystems des eigenen Denkens bewusst sein. Dies gilt für Einstein, aber auch für existentielle Fragen wie »Wer bin ich?«. Je mehr wir über uns nachdenken, je mehr wir über uns wissen wollen, desto intensiver werden wir mit den anderen konfrontiert. Welche Beziehung habe ich zu meinen Eltern? Welche Freunde habe ich, und warum sind gerade diese meine Freunde und nicht andere? Warum verstehe ich mich mit A, aber nicht mit B? Die

Antwort auf diese Fragen erleben wir jeden Tag. Es ist unser Leben. Wir schwimmen in Antworten, zu denen wir die Fragen entweder vergessen oder nie gehabt haben.

* * *

Die meisten Philosophen haben ihre Fähigkeit naiven Fragens vergessen. Die akademische Philosophie ist zu einem Wissenschaftsbetrieb aus Fußnoten-Spezialisten geworden. Die Anzahl derer, die noch selbst denken, kann man an einer Hand abzählen. Man erkennt sie daran, dass sie nicht (oder nicht mehr) im universitären Betrieb zu finden sind oder von den weniger populären Kollegen als unseriös belächelt werden.

Vor lauter Seriosität und Standesdünkel vergessen diese Kritiker, dass die Frage nichts anderes ist als ein erster Schritt. Sie ist das Fundament jeder Kreativität. Wer sich nicht mehr grundsätzliche Fragen erlaubt, wer sich für seine kindlichen Fragen schämt, ist wie ein Kapitän, der sich mit der Badewanne zufriedengibt, anstatt sich aufs offene Meer zu wagen.

Kreativität ist nicht angeboren

»Kreativität ist keine angeborene Fähigkeit.« John Cleese (bekannt als einer der Monty Pythons), den ich hier frei zitiere, widersprach der weitverbreiteten Meinung, dass es so etwas wie kreative und nicht-kreative Menschen gebe. Kreativität sei nicht angeboren, sie drücke sich auf verschiedene Weise aus, doch man solle sich Kreativität eher als Lebens- und Denkhaltung vorstellen. Cleese vergleicht Kreativität mit der Art und Weise, wie Kinder spielen. Es ist die Leichtigkeit, mit der man sein Denken in Bewegung bringt. Wer auf vorgefertigten Meinungen und fest-gezurrten Ansichten beharrt, bringt nichts Eigenständiges hervor. Politische Korrektheit und staatsmännisches Gehabe geben Ihrem Denken keinen Anreiz, aktiv zu werden. Man solle mit Ideen spielen, meint Cleese, eben wie Kinder dies tun. Ohne Angst und Hemmungen. Lächerlich machen Sie sich sowieso. Einstein wurde auch für seine Relativitätstheorie belächelt – anfangs. Die Neugier ist eine Eigenschaft von *open-minded* Menschen, also Menschen, die keine schweißnassen Hände bekommen, wenn sie im Wald vom Weg abkommen. Was ist der Unterschied zwischen den o*pen-minded* und *closed-minded* Menschen, also zwischen Menschen mit *offenem Denken* und solchen mit *geschlossenem Denken?*

Der Modus des *closed-minded* ist ein Sicherheitsdenken. Man verlässt sich auf Erfahrungswerte, man hält Regeln ein und hinterfragt diese nicht. Wer Auto fährt, ist normalerweise nicht neugierig darauf, sich zu fragen: Was passiert, wenn ich mit 100 km/h ins Maisfeld rase. In vielen Alltagssituationen funktionieren wir in einem geschlossenen Modus. Wir wenden Regeln an und verlassen uns auf Erfahrungswerte. Verhängnisvoll wird dies nur, wenn wir grundsätzlich in diesem *geschlossenen Modus* funktionieren. Wir denken nicht, wir entwickeln keine Bewegung in unserem Denken, wir sind nicht neugierig, sondern plappern nur nach und berufen uns auf Weisheiten wie »Das ist halt so …« oder »Das haben wir schon immer so gemacht, warum soll es falsch sein?«.

Im Wissenschaftsbetrieb herrscht in den meisten Fällen eine methodische Strenge. Dem Doktoranden bringt man mit dem Hammer bei, dass er wissen statt denken soll. Die Fachbibliotheken platzen vor Textsammlungen und Zeitschriften mit wissenschaftlichen Artikeln, die nichts anderes sind als Kommentare zu bestehenden Ideen. Es wird analysiert, aber nicht kreiert. Der wissenschaftliche Betrieb bringt aus sich nur dann etwas Neues hervor, wenn es jemand wagt, die Regeln zu brechen. Verständlich ist die Haltung vieler Nachwuchswissenschaftler. Wenn sie von Anfang an zu originell und zu ausgefallen sind, stoßen sie nur auf geschlossene Türen. Es gibt keine Fördermittel und keine Stelle als Nachwuchswissenschaftler. Daher funktionieren diejenigen, die es im Universitäts- und Wissenschaftsbetrieb zu etwas bringen wollen, nach dem Anpassungsprinzip. Sie machen das, wovon sie wissen, dass es eine Zukunft hat. Sie wagen nichts und experimentieren in den seltensten Fällen mit neuen Ansätzen. Doch unter diesen *closed-mind*-Bedingungen findet kein Schaffensprozess statt. Man wählt das geringste Risiko und verlässt sich auf Erfahrungen. Später, wenn dieser Anpassungsprozess vorbei ist und die ehemaligen Doktoranden dann in Amt und Würden sind, wenn sie darauf bestehen, dass man sie mit *Professor* anspricht und sie die naive Ehrfurcht genießen, die manche Menschen an den Tag legen, wenn ein *Doktor* oder *Professor* vor ihnen steht, ist von den früheren jungen Wissenschaftlern, die vielleicht noch so etwas wie Neugier kannten, nichts mehr übrig. Die Anpassung hat aus ihnen eine hohle Hülle gemacht, ein Überraschungsei ohne Überraschung. Wer sich am Anfang verkauft hat, bezahlt am Ende mit geistigem Stumpfsinn. Nur wer sich von Anfang *open-minded* Freiräume lässt und diese auch gegen die Konkurrenz (und vor allem gegen die Kollegen) verteidigt, überlebt geistig im akademischen Betrieb.

⚹ ⚹ ⚹

Falsch oder richtig gibt es im offenen Modus nicht. Es ist die fundamentale Frage: »Was wäre wenn?« Sie steht jenseits von Gut und Böse oder Richtig und Falsch. Mit ihr bringt man einen Stein ins Rollen. Und um das geht es.

Wenn Sie sich zuerst überlegen, ob etwas richtig oder falsch ist, dann haben Sie die Möglichkeiten neuer Ideen an die Leine gelegt. Doch wozu sich beschränken? Spielen Sie mit Ideen! Malen Sie sich aus, wie etwas in Zukunft sein könnte oder was gewesen wäre, wenn man dies oder jenes in der Vergangenheit anders gemacht hätte. Verlassen Sie sich nicht auf Ihre Erfahrungen! Misstrauen Sie Ihren Wahrnehmungen und dem, was Sie zu wissen glauben! Hätte Einstein seinen Wahrnehmungen vertraut, dann hätte er zum

Beispiel den Raum als leere Box gesehen, in der sich die Geschichte unseres Universums abspielt. Einstein wusste aber, wie trügerisch unsere Alltagswahrnehmungen sind.

Vermeiden Sie Werturteile! Ein »Mir gefällt dies« oder »Mir gefällt dies gar nicht« bringt Sie nicht weiter. Im Gegenteil, es hemmt Sie. Wenn Sie sich dabei ertappen, etwas abzutun, weil es Ihnen »nicht gefällt« oder Sie in einem Gespräch plötzlich ein Thema mit »Gefällt mir nicht« kommentieren, dann entziehen Sie der kreativen Kraft Ihres Denkens den Nährboden.

»Kreativität ist wie Humor«, sagt Cleese. Denn Humor hat einen eigenartigen Effekt auf unser Denken. Er schafft eine Distanz zwischen uns und der Welt, zwischen uns und den anderen und natürlich auch eine Distanz zu uns selbst. Humor ist wie ein Spiegel, den man vor sich hält, aber in den man nicht unbedingt hineinzuschauen braucht. Es reicht, zu wissen, dass er da ist. Wer keinen Humor hat, der hat auch kein Gegenüber. Wut, Trauer, Neid, Begeisterung … all die Emotionen, die man empfindet, werden unmittelbar mit der Welt um uns verbunden. Über sich selbst lachen können ist eine hohe Kunst. Das heißt aber nicht, dass jemand, der über sich selbst lachen kann, sich nicht ernst nimmt. Ein humorvoller Mensch nimmt es sich heraus, *sich nicht ganz so ernst zu neh-men.* Und im Gegensatz zu Menschen, die sich ernst nehmen und die in der Regel nicht handeln und ihre Situation bedauern, sind Menschen mit Humor aktiv. Sie beginnen leichter etwas und haben weniger Angst vor dem Scheitern.

Ob Sie selbst eine Idee haben, an einem Projekt arbeiten oder sich auf ein neues Abenteuer einlassen – stellen Sie sich nicht gegen Ihr eigenes Vorhaben, indem Sie sich darauf konzentrieren, was alles passieren könnte, wenn es schiefgeht. Seien Sie stets positiv. Halten Sie sich am Anfang nicht mit Detailfragen auf. Schaffen Sie sich einen Gesamtüberblick, eine grobe Marschroute. Mit Detailfragen geben Sie sich später ab. Wer etwas in Gang setzt, sollte wissen, dass er vielleicht nicht den optimalen Weg gewählt hat. Korrekturen sind kein Zeichen schlechter Planung, sie sind unvermeidlich, und sie zeigen Ihnen, dass nicht alles von Anfang an planbar ist. Dies gilt für das Schreiben eines Romans, für den Aufbau eines Unternehmens, für eine Reise und für eine Beziehung. Machen Sie einen Plan, um – wie Dürrenmatt einmal sagte – ihn nicht einzuhalten. Ein Plan ist keine Anleitung, wie etwas genau ablaufen soll, er ist ein Hilfsmittel, um unsere Ängste zu überwinden. Denn es sind die Ängste, zu versagen oder selbst nicht auf der Höhe zu sein, die uns daran hindern, etwas in Gang zu setzen. Stellen Sie sich vor, Sie überfliegen eine Landschaft. Sie haben Flügel. Sie können die Richtung ändern, in den Sturzflug gehen, nach oben ins Blaue jagen. Bewegung ist für Sie nur ein Flügelschlag. Dies fühlt sich doch besser an, als sich einen müden Wanderer vorzustellen, der sich mit Blasen an den Füßen durch unwegsames Gelände quält.

*　*　*

Spielen Sie das »Was-wäre-wenn«-Spiel. Es ist der imaginäre Anfangssatz vieler Schriftsteller, Maler, Philosophen, Architekten, Physiker, Biologen etc. Spielen Sie mit Ideen, und verbinden Sie unterschiedlichste Ideen miteinander. Spielen Sie mit Ihren Ideen wie ein Kind mit Bauklötzchen. Rechtfertigen Sie sich nicht für Ihr Ideenspiel. Nehmen Sie Ihre ersten Ergebnisse, wie sie sind, und fangen Sie nicht an, Ihre Position zu verteidigen. Freuen Sie sich auf Fehler und Fehlschläge. An Ihnen wächst Ihr Vorhaben, auch wenn Sie es anfangs nicht glauben wollen. Mit der Zeit gewinnen Sie an Selbstvertrauen.

Wenn das Ich nicht in den Aufzug passt

Wer selbst denkt, hört nicht auf andere. So versteht ein Egomane die »eigene Denkbewegung«. Egomanen blähen ihr Selbstwertgefühl so auf, dass ihnen die anderen nur als Dekoration ihres eigenen Ichs erscheinen. Solche Menschen sind anstrengend und auf längere Dauer unerträglich. Sie erkennen die Egomanen daran, dass sie nur von sich sprechen oder es kaum ertragen, wenn sie nicht im Mittelpunkt der Gesellschaft stehen. Sie reden am lautesten und lachen über die Meinung der anderen. Nein, das ist kein Humor, und mit Kreativität oder Denken hat solch ein Verhalten auch nichts zu tun. Egomanen pendeln zwischen der Verehrung ihrer Idole (die meist etwas besser können als sie selbst) und der Verachtung derjenigen, die etwas weniger gut können als sie. Gerade wenn Sie etwas beginnen, einen Sport, eine künstlerische Karriere oder einen neuen Beruf, dann lassen Sie sich nicht von diesen Egomanen beeindrucken.

Im sportlichen Wettkampf oder in der Kindererziehung erkennt man, mit wem man es zu tun hat. In der Tat braucht man Menschen nur zu beobachten, wie sie mit anderen im Sport umgehen (wenn es sich um Partner- oder Gruppensportarten handelt) oder was sie von ihren Kindern verlangen.

Daher: Hören Sie anderen zu! Spielen Sie mit den Einwürfen und der Kritik von anderen. Wenn die Kritik an Ihnen sachlich vorgetragen ist und nicht nur abwertend ist, dann überlegen Sie sich, wie Sie Ihnen nützlich sein kann. Reden Sie mit dem anderen, wenn er Fehler macht. Verbessern Sie ihn, anstatt sich nur an ihm abzureagieren.

Sie mögen stolz auf Ihr aufgeblähtes Ego sein, und Sie steigen deswegen nur allein in den Aufzug, weil sonst ja kein Platz ist, aber seien Sie sich im Klaren darüber, dass Ihr Ego nur eine künstliche Vorstellung ist, und bevor es sich über eine ganze Stadt ausbreitet oder ein Land, machen Sie es an der Anerkennung der Menschen fest, mit denen Sie zu tun haben. Ein Mensch aus Ihrer Umgebung, der zu Ihnen steht, ist mehr wert als Millionen imaginärer Fans oder die bloße Vorstellung, von allen wegen eines Lebensstils oder eines Titels geliebt zu werden.

* * *

Vorbilder und Erfolg. »Wenn ich erfolgreich sein will und mir erfolgreiche Menschen als Vorbild aussuche, dann ist das doch okay«, meinte ein Jungunternehmer zu mir, nachdem er mich durch die Büroräume geführt hatte. Seine Vorbilder seien alle erfolgreichen Menschen, und weil er erfolgreich sei, sei er auch vorbildlich für andere.

Während der gesamten Führung sprach er nur davon, wie er die Konkurrenz ausgetrickst hatte, wie er die Stadträte bei einer größeren Auftragsvergabe überzeugt hatte, wie er als erfolgreichster Jungunternehmer in einem Wirtschaftsmagazin bezeichnet wurde, kurz, er stellte sich dar wie ein Star. Zugegeben, sein Unternehmen, das er in so kurzer Zeit aus dem Boden gestampft hatte, war beeindruckend. Der junge Mitdreißiger in teurem Anzug führte mich allerdings nicht durch sein Unternehmen, sondern erzählte nur, wie ER das alles geschaffen habe. Er allein. Ob dies nun so war, sei dahingestellt. Mich interessierte, warum dieser junge Mann von vielen Wirtschaftsstudenten und Wirtschaftsjournalisten als Star der *New Economy* gefeiert wurde. Sein Ego-Kult wurde von den Magazinen noch verstärkt. Hilft es Ihnen aber weiter, wenn Sie sich mit einem Vorbild identifizieren? Motivieren Sie das Geld, die gesellschaftliche Anerkennung Ihres Vorbildes? Was genau an Ihrem Vorbild finden Sie so anziehend, dass Sie wie er oder sie sein wollen? Sind es die Luxusvilla und der Ferrari eines Investmentbankers, die Sie vom Bankgeschäft träumen lassen? Gefällt Ihnen, wie ein Bestsellerautor bei seinen Buchvorstellungen hofiert wird oder wie ein Schauspieler bei Filmpremieren?

Analysiert man die Motivation eines Menschen, der sich ein Vorbild ausgewählt hat, so stößt man in den meisten Fällen auf äußerliche Dinge. Der Banker wird um seines Geldes willen bewundert, der Modern-Art-Künstler wegen der vielen Frauen und seiner Präsenz in jedem Kulturbeitrag, der Bestsellerautor wegen der Bewunderung seiner vielen Leser, der Fußballer wegen seiner Fangemeinde und der berühmte Schauspieler, weil er reich und beliebt bei jedermann ist. Der Kult, der um eine Person gemacht wird, lässt sie oft in einem verklärten Licht erscheinen. Mit ihrer eigenen Tätigkeit hat das nichts mehr zu tun. Die wenigsten Bewunderer interessieren sich leidenschaftlich für die Arbeit eines Investmentbankers. Gleiches gilt für Schauspieler oder Autoren. Wer sich nur deshalb ans Schauspielern oder ans Schreiben macht, weil er sich als »Schauspieler« oder »Schriftsteller« sehen will, der endet mit Sicherheit in der Frustration eines Prozesses, der sich als langwieriger und schwieriger entpuppt, als er sich gedacht hätte. Sie werden feststellen, dass Autoren, Maler, Designer oder auch Unternehmer ganz unabhängig von ihren Erfolgsaussichten schaffend tätig sind. Ein Autor schreibt nicht, um Bücher zu verkaufen. Er schreibt, weil das Schreiben eine Form des Ausdrucks ist, die ihm gefällt. Die Motivation liegt im Erfinden von Geschichten und in der Kunst der Darstellung, nicht in dem erhofften Erfolg. Auch bei Unternehmern und Bankern findet man oft einen Schaffensdrang. Deshalb hören sie auch nicht auf, wenn sie einmal einen gewissen finanziellen oder gesellschaftlichen Status erreicht haben. Das Geld oder die Luxusgüter sind meistens nur sekundär. Investmentbanker ähneln in ihrer Motivation viel mehr Spielern als seriösen Geschäftsleuten. Der Drang, Geld zu verdienen, ist nicht gleich dem Hang, Geld besitzen zu wollen. Besitz ist statisch. Besitz lähmt das Denken, und wenn jeder Wunsch von Dingen beseelt und befriedigt wird, dann lähmt er den ganzen Menschen. Sie müssen deshalb aber nicht wie ein Einsiedler leben und auf jeglichen irdischen Besitz verzichten. Sie sollten nur wissen, dass Besitz Ihr Denken nicht voranbringt. Das gilt auch für Vorbilder. Bilder sind statisch. Wer sich mit ihnen identifiziert, kettet sich an sie wie jemand, der sich mit seinem Besitz identifiziert. Ersterer wird von fixen Vorstellungen besessen, Letzterer von Dingen.

Dabei spielt die Vorstellungskraft eine wichtige Rolle im Denken. Motivation hat zwar ihre Erregungszustände im Augenblick. Wir fühlen in der Gegenwart, doch Motivation und Wünsche speisen sich aus dem, was wir in der Zukunft erwarten.

Ratgeber, auf die man verzichten kann

Fragt man erfolgreiche Sportler, ob sie nicht Angst vor Niederlagen haben, so bekommt man in den meisten Fällen eine Antwort wie: »Niederlage oder Scheitern gibt es nicht in meinem Vokabular.« Nun verlieren diese Sportler auch, oder Unternehmer gehen pleite. Selbsternannte Realisten legen den Finger lieber auf die missglückten Versuche und auf die statistische Wahrscheinlichkeit, warum der *Friedhof missglückter Ideen* größer ist als der der erfolgreichen. Deshalb, so denken diese Realisten, sei es viel besser, sich mit der Wahrscheinlichkeit des Misserfolgs anzufreunden als mit dem möglichen Erfolg. Das Motto dieser Lebenseinstellung ist: »Finde dich mit dem ab, was du bist und hast, denn mehr erreichst du nicht.« Die Zukunft ist vorherbestimmt, und du kleiner Wurm kannst daran nichts ausrichten. Versuchst du es doch, dann wirst du nur enttäuscht sein. Deshalb versuche es erst gar nicht, dann sparst du dir die Enttäuschung.

Wäre diese Lebenseinstellung ein Leitmotiv der Menschheit gewesen, dann hätten wir heute weder Computer, Flugzeuge noch die moderne Medizin. Wir wären eine Gruppe von Höhlenbewohnern, die sich mit ihrem Höhlendasein abgefunden hätten. Doch die Menschheit hat sich anders entwickelt. Der Mensch ist neugierig und kreativ. Und zwar jeder. Es gilt nur wieder, diese Neugier zu wecken, die in jedem von uns steckt. Eine Neugier und Leidenschaft, die man uns durch Erziehung und Zucht ausgetrieben hat. »Sei doch mal realistisch« oder »Komm auf den Boden der Tatsachen zurück«, damit nimmt man der natürlichen Neugier und der Wissbegier jeden Elan. Man setzt an die Stelle eines starken Willens zur Erkenntnis einen Willen der Anpassung, der sich vor jeder Veränderung fürchtet. Ein solcher Wille stellt keine grundsätzlichen Fragen mehr, der wagt nichts mehr in seinem Leben, sondern reduziert sich und die anderen auf die scheinbar unüberwindbare Realität. Was diese Menschen verlernt haben, ist, dass die Realität verändert werden kann und dass sie selbst Teil dieser Realität sind. Und warum sollte man sich als ein kleines Zahnrad sehen, das nur im großen Uhrwerk zu funktionieren hat? Warum sich nicht als jemanden ansehen, der selbst eine neue Richtung angeben kann, der selbst die Realität bestimmt, in der er lebt.

Warum soll man, noch bevor man einen Schritt gemacht hat, davon ausgehen, dass man sowieso hinfällt? Warum nicht aus den Fehlern anderer lernen und es besser machen? Warum sollte man mit der Einstellung ins Spiel gehen, dass man wie seine Vorgänger auch verlieren wird? Der *Friedhof der Ideen* mag vielleicht statistisch begründet sein, als Handlungsanleitung und Motivation für ein Leben taugt er nichts. Wer nur den riesigen Berg gescheiterter Versuche anderer im Kopf hat, wer sich selbst in Zukunft nur verlieren sieht, wer sein Denken nur dafür verwendet, sich detailliert sein Scheitern auszumalen, der erreicht in der Zukunft auch nichts anderes als sein Scheitern. Dies bedeutet aber nicht, dass man die gescheiterten Versuche anderer außer Acht lässt. Wer sich fragt, warum andere mit ihren Versuchen gescheitert sind, kann Fehler vermeiden und dies in seine Entscheidung miteinbringen. Risiken bleiben immer. Doch ist es ratsamer, sich darauf zu konzentrieren, als an den vergangenen Erfahrungswerten festzuhalten. Wenn Sie aus Ihrem Freundeskreis nur Menschen kennen, die eine Scheidung hinter sich haben, heißt dies noch lange nicht, dass Sie erst gar nicht zu heiraten brauchen, weil Ihre Ehe auch zum Scheitern verurteilt ist. Legen Sie für sich selbst fest, wie Sie mit Ihrem Partner die Zukunft gestalten wollen.

Alles hängt davon ab, wie man sein eigenes Tun in seinen Zukunftsplan stellt.

* * *

Wie die Vorstellung unserer eigenen Zukunft unsere gegenwärtige Motivation bestimmt, zeigte Boris Cyrulnik in seinem Buch *Parler d'amour au bord du gouffre*[4] anhand der Parabel der Steineklopfer.

Er beschrieb drei Männer, die am Strand Steine zerschlugen. Das Gesicht des ersten Mannes drückte Wut und Schmerz aus. Er hämmerte mit Gewalt auf die Steine ein, so, als müsste er sie bestrafen. Als man ihn fragte, was er mache, meinte er: »Ich mache einen gefährlichen und stupiden Beruf ...«

Der zweite hatte ein ruhiges Gesicht, und seine Gesten wirkten harmonisch. Als man ihn fragte, was er mache, antwortete er: »Ich verdiene meinen Lebensunterhalt mit diesem ermüdenden Beruf, aber ich bin an der frischen Luft und habe einen Blick aufs Meer.«

Der dritte Mann schien von Glück erfüllt zu sein. Er schlug die Steine mit Bedacht auseinander, so, als wäre in jedem von ihnen ein Schatz. Sorgsam legte er

4 Boris Cyrulnik, Parler d'amour au bord du gouffre, Paris, 2004, S. 35

die zerschlagenen Steine auf einen Haufen neben sich.
Als man ihn fragte, was er mache, antwortete er mit
stolzer Miene: »Ich baue eine Kathedrale ...«

Illusionen und Realität

Wer Steine klopft und glaubt, dass er eine Kathedrale baut, ist einer Selbsttäuschung erlegen. Realisten würden dies sogar noch überspitzen und meinen, dies sei nur Selbstbetrug. Doch handelt es sich wirklich um eine Illusion oder Selbstbetrug?

Wer dies behauptet, der geht von einer objektiv erfahrbaren Realität aus, die unverändert außerhalb unseres Ichs existiert. Sie ist weder durch unser Wahrnehmungsspektrum gefiltert noch ein Ergebnis unserer sprachlichen Gedankenwelt. Doch welcher Mensch kann eine solche Erfahrungswelt tatsächlich bestätigen? Jeder Blick in die Welt ist auch ein persönlicher Deutungsversuch dieser Welt. Es gibt keine Gewissheit darüber, ob Ihre Farbwahrnehmung *Rot* auch diejenige ist, die Ihr Freund hat. Die Verständigung, ob etwas ist, wie es ist, geschieht auf sprachlicher Ebene. Wissenschaftler drücken ihre Beobachtungen nicht nur in der Sprache aus, denn diese wäre zu ungenau, sondern sie verwenden mathematische Konventionen.

Doch wie kommt nun jemand dazu, im Zerschlagen eines Steins lediglich eine harte und unerträgliche Tätigkeit zu sehen, ein anderer dagegen die Konstruktion einer Kathedrale? Haben beide unterschiedliche Wahrnehmungen ein und derselben Realität? Die Lösung des Rätsels liegt in der Sprache selbst. Sie ist nicht eindeutig, und sie erlaubt, dass man ein und derselben Tätigkeit oder Situation unterschiedliche Bedeutungen zumessen kann. Auch Wissenschaftler treffen keine eindeutigen Aussagen über eindeutige Sachverhalte. Astrophysiker beschreiben nicht die Realität schwarzer Löcher. Sie sind mit dem bloßen Auge nicht sichtbar, man kann nur anhand ihrer Auswirkungen auf ihre Umgebung auf ihre Existenz schließen. Die messbaren Beobachtungen sind zwar Grundlage für die Deutung, jedoch ist ihre Existenz nicht mehr als die Interpretation der Wissenschaftler, die durch das Fernrohr ins All blicken.

Nehmen wir noch ein anderes Beispiel. Welche unverrückbare Realität hat ein Gebäude? Für den ersten Steineklopfer ist es ein Haufen aufgetürmter Steine, die so aufgestellt sind, dass Menschen darin sein können. Er sieht darin vielleicht nur die Verschandelung der Natur. Für den zweiten ist es ein notwendiges

Übel, das ihn nicht sonderlich stört. Der dritte sieht darin vielleicht erst mehr: eine Kathedrale oder den Reichstag. Steinhaufen oder Reichstag? Eine bloße Ansammlung dumpfer Materie oder ein Ort der Politik? Die Art, wie man das Gebäude betrachtet, entscheidet auch, was man darin sieht. So kann man Leonardo da Vincis *Mona Lisa* als Ansammlung farbiger Flecken betrachten oder als großartiges Gemälde der Renaissance. Der Realist nimmt mit seinem Standpunkt einer materiellen Realität, die sich jedem aufzwingt, nur einen Deutungswinkel ein. Er bezieht sich auf keine unverrückbare Realität, sondern auf eine von vielen Realitäten. Der *Reichstag* ist nicht nur eine symbolische Deutung, denn aus der materiellen Tatsache des Hauses geht nicht hervor, dass es sich um den Reichstag handelt. Diese Deutung verleiht der Mensch dem Gebäude. Es ist eine *symbolische Realität.* Der Psychoanalytiker und Philosoph Jacques Lacan setzte die symbolische Realität über das *Reale,* das für ihn nur etwas darstellte, was sich jeder Symbolisierung und jeder Einbildung entzieht. Es hat keinen Ort im Denken und tritt als verstörendes Trauma auf.

Die Sprache macht jedoch, dass wir Menschen unsere Welt und unser Leben aus verschiedenen Blickwinkeln sehen können. So attestierte Lacan dem *Realisten,* der für sich annimmt, dass er sich nicht irrt, dass dieser (der jede symbolische Realität verleugnet und zurückweist) sich irrt.

Sie brauchen sich also nicht zu sorgen, wenn jemand Sie für einen Träumer hält oder Ihnen jemand sagt, dass Sie die Realität nicht anerkennen wollen. Sagen Sie zu sich selbst: Ich bin Teil dieser Realität, und ich glaube, dass ich sie verändern kann. Niemand sagt, dass dies von heute auf morgen und ohne Anstrengung geschieht. Aber Kathedralen bauen sich auch nicht von heute auf morgen.

Wer hat Angst vorm schwarzen Mann?

»Wer hat Angst vorm schwarzen Mann?« Fast jeder kennt dies aus seiner Kindheit. Wir brauchen gar nicht zu wissen, was sich hinter dem schwarzen Mann verbirgt. Der schwarze Mann ist ein Ding oder eine Gestalt, die für vieles und nichts stehen kann. Entscheidend ist, dass sie mit Angst verbunden ist. Angst lähmt Sie in Ihren Entscheidungen. Sie wagen nicht mehr, sondern wägen ab, und die Wahrscheinlichkeit, etwas Neues zu unternehmen, sinkt gewaltig. Die Angst ist ein psychischer Zustand, der uns schützen soll. In vielen Fällen treten Ängste auf wie Schuhe, über die man im Dunkeln stolpert. Sie sind da. Manchmal stolpert man darüber und manchmal nicht. Man kann sich nun entweder merken, wie man im Dunkeln die Schuhe umgeht, oder dafür sorgen, dass da im Dunkeln keine Schuhe mehr liegen.

Das Verhexte an Ängsten ist, dass sie sich nicht einfach wegdenken lassen. Wer nicht schwindelfrei ist, der kennt sicher das Gefühl, wenn er über ein breites Brett laufen soll: Ist dieses Brett auf dem Boden, dann ist es kein Problem, über das Brett zu laufen, doch wenn unter dem Brett ein Abgrund von vier oder fünf Metern gähnt, dann beginnt man plötzlich die Arme auszustrecken, und man läuft vorsichtig, Schritt für Schritt, über das Brett. Auch wenn man sich einredet, dass es sich ja um dasselbe Brett handelt, über das man am Boden sogar mit nur einem Bein springen würde, bekommt man schweißnasse Hände. Man verkrampft sich, der Puls erhöht sich, bei manchen Menschen krampft sich der Magen zusammen, Muskeln verspannen sich, Bewegungen werden träger und roboterhafter. Man erstarrt wortwörtlich vor Angst. Angst wirkt sich unmittelbar körperlich und seelisch aus. Sie stört sowohl motorische Fähigkeiten als auch geistige.

Mein früherer Sporttrainer meinte einmal zu mir, dass jeder irgendwo verborgene Ängste hat. Einige Ängste kommen nur selten zum Vorschein, andere behindern den Menschen in seinem alltäglichen Treiben. Als Übungsleiter sagte er seinen Schülern, dass Angst ein Feind ist. *Finde heraus, wer dein Feind ist und wo er sitzt. Nur was man kennt, kann man vernichten. Lass die Angst zu, fühle sie und spüre, wie sie wirkungslos wird, wenn du merkst, dass sie keinen*

Grund hat. So half er einem Jugendlichen, der sich nicht traute, ein Rad zu schlagen oder über einen Kasten zu springen. Der Junge war athletisch gebaut und konnte alles, außer eben Überschläge. Es dauerte ein paar Sitzungen mit Hilfestellung, dann hatte er den Bewegungsablauf automatisiert. Die Verkrampfung lockerte sich, und er konnte wie die anderen Jungen ganz normal turnen.

Wenn ein Boxer zum Beispiel vor einem Titelkampf steht, dann kann seine Nervosität so groß sein, dass der Kampf schon im Vorhinein entschieden ist. Ein psychologisch geschulter Boxtrainer wird seinem Schützling deshalb nicht sagen, was er für einen wichtigen Kampf vor sich hat und was für einen wichtigen Gegner, sondern er wird mit seinem Boxer eine Strategie ausarbeiten. Der Boxer soll nicht an seinen Gegner als Überfigur denken, der schon diesen oder jenen geschlagen hat, der seine letzten Kämpfe alle durch Knock-out gewonnen hat, sondern er zeigt seinem Boxer die Schwächen des Gegners und stellt ihn darauf ein. Mit einem guten Schlachtplan verdrängt man Nervosität nicht ganz, aber sie wird nicht mehr übergroß, so dass sie die körperlichen und geistigen Fähigkeiten unterminiert.

Wettkampfangst begegnet jedem Trainer, der Wettkämpfer betreut. Die Sportler bringen ihre Leistung im Training, versagen aber plötzlich, wenn sie im Kameralicht eines Turniers stehen. Der Gegner ist nicht der sportliche Kontrahent, auch nicht Zweifel an den eigenen Fähigkeiten, sondern die Zuschauer, das Rampenlicht, das Blitzlichtgewitter. Diese im Dunst wartende Masse auf ihren Stühlen, die mit Tausenden von Augen auf den Sportler sehen. Dagegen gibt es kaum Abhilfe, meint der in Berlin arbeitende BJJ (Brazilian-Jiu-Jitsu) Trainer Ulf Ehlert. Ihn selbst hat die Präsenz der Zuschauer nie gestört. Er weiß jedoch, dass einige Sportler unter diesem Symptom leiden. Bei wichtigen Turnieren simuliert er im Training Wettkampfsituationen bis hin zur Simulation der Geräuschkulisse.

✳ ✳ ✳

Manchmal ist es wichtig, einen klaren Plan zu haben, gerade wenn man vor einem wichtigen Ereignis in seinem Leben steht.

Wer Angst hat, entscheidet nicht. Die Angst entscheidet für ihn. Nur wer seine Ängste kennt, kann sie beherrschen lernen. Das heißt, er kann sich gegen seine Ängste entscheiden oder ihnen folgen. Sie können über das Brett laufen oder nicht. Je größer die Ängste sind, je unüberwindlicher sie scheinen, desto mehr erscheint Ihnen die Zukunft als undurchdringliches Labyrinth. Wer ein Labyrinth vor sich hat und keine Möglichkeiten, diesem zu entkommen, sieht nur Risiken und Gefahr. Das Unbekannte empfindet der Mensch von Natur aus als bedrohlich und nicht als Herausforderung. Zur Herausforderung wird es erst, wenn man weiß, wovor man Angst hat. Ist es ein Gegner in einem sportlichen Wettkampf oder ist es die Angst, die Sicherheit einer abhängigen Beschäftigung zu verlassen? Halten Sie sich nicht lange auf, nach dem Ursprung Ihrer Angst in der Vergangenheit zu forschen. Stellen Sie sich ihr im Hier und Jetzt, dort, wo sie auftritt und sich Ihnen entgegenstellt. Arbeiten Sie sich eine Strategie aus, und entwerfen Sie einen Plan und eventuell einen Notfallplan. Konzentrieren Sie sich auf Ihren Plan, und lassen Sie sich nicht von den Zweifeln und Ängsten anderer beeindrucken. Unterscheiden Sie zwischen Kritik und diffusen Ängsten. Kritik kann Ihnen helfen, Ihren Plan zu perfektionieren. Die Angst der anderen bringt Sie nicht weiter. Wenn Sie die Angst der anderen dennoch ansteckt, dann denken Sie sich, dass nur Sie einen Plan haben. Sie wissen, wie Sie vorgehen. Den anderen fehlen die nötigen Informationen, und vor allem, die anderen kennen Ihren Willen nicht.

Scheitern Sie im ersten Anlauf, so behalten Sie im

Gedächtnis, dass Sie dadurch stärker werden. Verbessern Sie Ihren Plan, perfektionieren Sie Ihre Strategie. Scheitern rechtfertigt nicht Ihre Angst. Wer scheitert, zeigt nur, dass er den Mut gefunden hat, etwas anzufangen und fortzusetzen.

4. My fucking life – Ich habe nur dieses

Betreten auf eigene Gefahr

Mit zehn Jahren gab es für mich nichts Interessanteres als Baustellen von Häusern. Dunkle unbewohnte Mauern, und vor allem hingen überall auf den Bauzäunen gelbe Schilder: »Betreten verboten. Eltern haften für ihre Kinder«. Ich fürchte, dass die Baustellen ohne diese Verbotsschilder nicht halb so interessant für uns gewesen wären. Natürlich war es nicht ungefährlich, über die unbefestigten Treppen bis in das letzte Stockwerk zu steigen und sich vorzustellen, wie dort bald Leute wohnen würden. Hinter dem Verbotsschild wartete nicht nur ein Geheimnis für uns Kinder, das Verbotsschild selbst schuf dieses Geheimnis. Auch später stolperte ich immer wieder über diese Art von Verbotsschildern oder Warnhinweisen wie »Betreten auf eigene Gefahr«, und jedes Mal überkam mich das Gefühl, dass ich dadurch gerade etwas Besonderes erleben würde. *Eigene Gefahr.* Hier konnte dir keiner helfen, sagte es mir. Hier bist du auf dich allein gestellt. Und wo plötzlich niemand mehr da ist, den man rufen kann, wenn es nur noch *mich* und *den feind-lichen Ort voller Gefahren* gibt? Das Gefühl der Freiheit war grenzenlos. Und als Kind mit zehn Jahren genoss ich dieses Gefühl. Die Gesetze der Erwachsenen waren hier nicht mehr gültig, dachte ich, ich konnte die Welt so erleben, wie sie war, ohne dass jemand mit erhobenem Zeigefinger daherkam.

Das Gefühl der grenzenlosen Freiheit, in der alles möglich ist, ist ein Traum des Menschen, der in der Risikogesellschaft genau eines zu vermeiden sucht: Risiko. Es ist das dunkle Begehren, aus der gesellschaftlichen Verplanung und Verwaltung von Leben auszubrechen. Sieht man es noch existentieller, dann kann man dieses Gefühl grenzenloser Freiheit auch als zutiefst menschlich begreifen. Wie sonst soll man sich Extremsportarten gesellschaftlich erklären, bei denen Menschen sich freiwillig an Orte oder in Situationen begeben, in denen sie auf sich gestellt sind. Denn sobald sie über die Grenze gegangen sind, sind sie auf sich gestellt, außerhalb der Gesellschaft.

✳ ✳ ✳

Für den Großteil der Menschen jedoch wandelt sich im Laufe des Lebens das Gefühl »grenzenloser Frei-

heit«, wenn man gegen das Gebot »Betreten verboten« einmal verstößt. Dort, wo früher ein Gefühl
der Befreiung war, wenn man nachts in dunklen Bau-
ruinen herumkletterte, macht sich ein Gefühl der Be-
klemmung breit. Statt des Freiheitsgefühls tut sich ein
Feld voller Gefahren auf. Man genießt nicht mehr, auf
sich gestellt zu sein, sondern man sieht nur noch die
Gefahren: Treppen, die in den Abgrund führen, Bal-
kone ohne Geländer, Stromleitungen ohne Sicherung.
Jeder kann sich so einen Ort ausmalen, und jeder von
uns kennt solche Orte, die ihn in der Kindheit ange-
zogen haben und vor denen er jetzt Angst hat. Was ist
geschehen?

Die Orte haben sich nicht verändert, sondern wir.
Wir kennen nun die Gefahren und was alles passieren kann. Was aber in den meisten Fällen geschieht,
ist, dass wir unsere Kenntnis der Gefahren erhöhen,
nicht aber unsere Fähigkeit, diesen zu begegnen. So
wächst eine Welt um uns, die uns feindlich erscheint.
Ein Ort, in dem unsere Angst wohnt. Sie haben zwei
Alternativen. Sie lassen die Angst dort wohnen, wo
sie ist, und bleiben vor Schildern »Betreten auf eigene
Gefahr« stehen, oder Sie überschreiten das Gebot.
Dies heißt nicht, dass Sie in selbstmörderischer Toll-
kühnheit mit Sandalen auf einen Gletscher klettern.
Sie werden feststellen, dass Menschen wie Reinhold

Messner oder andere Extremsportler, Pioniere oder Abenteurer sich exakt vorbereiten. Doch diese Menschen wissen auch, dass sich nicht alles berechnen lässt und dass sie ab einem bestimmten Punkt ihres Weges auf sich selbst gestellt sind und es kein Zurück mehr gibt. Könnten sie ihre Unternehmungen jederzeit abbrechen wie ein Videogame und wäre jederzeit ein gefahrloses Replay möglich, dann würde man diese Menschen nicht darin finden.

Denken Sie nicht nur darüber nach, wer Sie sind, sondern wer Sie sein wollen.

Da kann alles passieren und nichts

Sie leben nur einmal. Entscheidungen, die Sie treffen, bestimmen Ihren Lebensweg.

Nehmen Sie diesen Satz ruhig als fundamentalen Satz Ihres Denkens. *Sie bestimmen Ihren Lebensweg.* Das Gegenteil davon ist, sich seinem Schicksal zu ergeben. Das heißt, man wartet darauf, dass andere Entscheidungen treffen. Der eigene Lebensweg wird dann in der Rückschau zu einem kontinuierlichen »Das hat sich halt so ergeben«.

»C'est la vie« oder »So ist nun mal das Leben« oder »Das ist einfach Schicksal« sind typische Duldungs- und Ergebungsrituale, mit denen man die eigene Untätigkeit und Trägheit rechtfertigt. Denn für viele ist das Schicksal nur etwas, was man hinzunehmen, worauf man keinen Einfluss hat.

Genauer betrachtet, ist das Schicksal jedoch nur die langfristige Konsequenz einer Lebensführung. Eine Lebensweisheit, die dem Theologen und Philosophen

Reinhold Niebuhr zugeschrieben wird, spricht genau diesen feinen Unterschied zwischen Ergebung und Selbstbestimmung an: »Gott, gib mir die Gelassenheit, Dinge hinzunehmen, die ich nicht ändern kann, den Mut, Dinge zu ändern, die ich ändern kann, und die Weisheit, das eine vom anderen zu unterscheiden.«

Wie fast überall liegt die Schwierigkeit im Detail. Für einen ängstlichen Menschen ist die Grenze, was er noch ändern kann, viel weiter entfernt als bei einer selbstbewussteren Persönlichkeit. Wie aber bekommt man die Fähigkeit, dies zu unterscheiden? Der eine sieht Möglichkeiten und der andere nur Risiken. Was also ist die Weisheit, von der in dem Sprichwort die Rede ist? Ängstliche Menschen sind offenbar bestechende Skeptiker. Sie analysieren eine Situation wunderbar, wägen Risiken ab und Möglichkeiten. Der Skeptiker ist aber selbst in seinem Zweifel gefangen. Die Möglichkeiten zerfallen ihm zwischen seinen alles zerteilenden Fingern, und am Ende bleibt nur eine detaillierte Risikoabschätzung. Deshalb sind Skeptiker keine Abenteurer. Sie werfen sich nicht ins Geschehen und verabscheuen unvorhersehbare Situationen. Sie selbst scheinen in dem Bild, das sie von der Wirklichkeit beschreiben, nicht vorzukommen. Sie stehen außerhalb – wie ein gelangweilter, alles überblickender Gott –, und sie sehen nur, aber sie können nicht eingreifen. Und dies ist auch das Problem der Skeptiker. Sie analysieren, aber sie sehen nicht ihren eigenen Willen, mit dem sie in den Verlauf der Ereignisse eingreifen können. Der Weise hingegen braucht keine exakte Analyse dessen, was alles geschehen kann. Er konzentriert sich auf das Spektrum der Dinge, die er verändern oder nicht verändern kann.

Weise Menschen sind häufig keine analytischen Menschen, sondern Menschen mit Lebenserfahrung. In ihrer Lebenserfahrung haben sie eines gelernt zu gebrauchen: die Macht ihres Willens. Sie wissen, was nötig ist, um etwas zu erreichen. Sie schätzen ab, ob es ihnen wert ist, dies zu tun oder es zu lassen. Weisheit ist nicht nur das Wissen, was man tun oder erreichen kann, sondern auch, ob man es will. Weisheit akzeptiert vor allem – nach jeder Erwägung der Möglichkeiten – den unkontrollierbaren Teil, auf den man sich bei jeder Entscheidung einlassen muss. Wer etwas wagt, dem kann alles Mögliche widerfahren: Gutes und Schlechtes.

Der Clou ist, dass man sich diese Weisheit nicht anlesen kann, und auch andere können sie einem nur bis zu einem gewissen Grad vorleben. Wirklich souverän wird man erst, wenn man handelt. Ob man etwas ändern kann oder nicht, erfährt man, indem man es versucht. So einfach ist das. Wer nichts wagt, der verliert nichts, der bezahlt mit dem Fehlen jeglichen Erfolgs. Dafür scheitert er auch nicht. Wer den Mut hat, zu scheitern, kann aber auf Erfolg hoffen. Das gilt für alle Lebenssituationen. Wer jedoch im Leben nie gescheitert ist, sieht später einmal auf sein Leben als einen Ablauf nicht genutzter Möglichkeiten. »Was hätte ich alles werden können ...« Ja, was hätte man nicht alles tun können, wenn ... Natürlich erscheint man dann später nicht als Schmied seines eigenen Glücks, sondern andere sind schuld an den verpassten Möglichkeiten. Plötzlich sind es die Eltern, die einen falsch erzogen oder die falsche Schule gewählt haben.

Wenn Sie sich entschieden haben, einen Weg zu gehen, dann sollten Sie sich auch offen eingestehen, dass Sie selbst diese Entscheidung so gewollt haben. Dies erspart es Ihrem späteren Ehepartner, Ihren Kindern und Freunden, auf einmal schuld zu sein, dass Sie doch etwas ganz anderes gewollt hätten.

Heraklit war gut zu Fuß

Wie stelle ich mir den Menschen Heraklit vor? Wie sieht ein Mensch aus, für den die Welt ständig in Bewegung ist? Anders gesagt: Hat der Gedanke »Man steigt nicht zweimal in denselben Fluss« einen Einfluss auf die Lebensweise des Denkers? Oder ist es die Lebensweise, die den Gedanken formt?

Stellen wir uns Heraklit vor zweieinhalbtausend Jahren vor. Die Sonne schien auch schon damals unerbittlich auf die weißen Felsen, und der Artemistempel war neben den schattenspendenden Olivenbäumen der Ort, an dem sich Heraklit am liebsten aufhielt. Er spielte dort mit den Kindern, was ihm mehr Freude bereitete als das eitle Geschwätz der Erwachsenen. Der Geist der Kinder ist noch ungebrochen und ständig in Bewegung. Wer Kindern beim Spielen zusieht, der stellt fest, dass ihr Spiel sich ständig verändert. Erwachsene haben den Eindruck, wenn sie ihr Kind beim Spielen beobachten, dass es scheinbar grundlos von einem Spiel zum nächsten geht. Erst spielt es mit den Bauklötzchen, dann mit der Eisenbahn, dann mit den Spielzeugsoldaten und dann wieder mit den Bauklötzchen. Eine Erklärung dafür ist, dass Kinder sich noch nicht auf eine Sache konzentrieren können; eine andere ist, dass Kinder ihr Spiel wie ein Wanderer betreiben, der an jeder Stelle anhält, um die schöne Aussicht zu genießen. Erst später hat der Weg ein Ziel. Je älter man wird, desto stärker tritt das Ziel in den Vordergrund. Der Weg ist ein notwendiges Übel, das man überwinden muss.

Heraklit war noch ein Wanderer, der den Weg schätzte, den er zurücklegte, um an sein Ziel zu kommen. Anders als in unserer modernen Leistungsgesellschaft, in der Wegstrecken nur Zeitverlust bedeuten und man an nichts anderes denken kann, als »endlich anzukommen«.

Heraklit lebte in einer Zeit, in der die Wegstrecken häufig zu Fuß zurückgelegt werden mussten. Wenn Heraklit einen Freund besuchte, dann musste er oft einen Tagesmarsch zurücklegen und dies für eine Strecke, die wir heute mit dem Auto in zwanzig Minuten erledigen. Die Menschen in Heraklits Zeit waren einen Großteil des Tages zu Fuß unterwegs. Und was bot sich in dieser Zeit besser an, als zu denken und Gespräche und Lieder zu wiederholen und nachzusingen.

Laufen war der körperliche Teil des Denkens. In einer Zeit, in der es keine Bibliotheken gab und Texte und Neuigkeiten mündlich überliefert wurden, hatte der einfache Mensch ein weitaus besseres Gedächtnis als der konsumorientierte und technikgestützte moderne Mensch. Wer viel spazieren geht, lange Wanderungen unternimmt, spürt, wie sich Gedanken ordnen und scheinbar unüberwindbare Probleme sich plötzlich distanziert betrachten lassen. Mehr als zweitausend Jahre später schrieb Friedrich Nietzsche: »Trau keinem Gedanken, der im Sitzen kommt.« Auch Nietzsche war ein leidenschaftlicher Spaziergänger. Was Heraklit und Nietzsche verbindet, ist, dass sowohl dem Denken als auch der körperlichen Bewegung das Prinzip der Veränderung innewohnt. Nur wer sich bewegt, denkt frei. Die körperliche Bewegung – sei es nun der Waldspaziergang oder die moderne Form des Joggings – schafft einen Rhythmus, bei dem die Veränderung, der monotone Tritt, die vorbeiziehende Landschaft, der Atem, die Schritte auf dem Weg einen Raum für den Gedanken schaffen. Es ist so, als überschreite man mit jedem Schritt eine Grenze. Gleiches gilt für Reisen. Wer nicht nur darauf hofft, dass er endlich aus der Abfertigungshalle des Flugplatzes herauskommt, um bald an irgendeinem Strand zu liegen, sondern wie der Wanderer anhält, um jeden Moment des Weges zu genießen, der erlebt, wie sich auch sein Denken durch die Veränderung belebt.

Die Trennung von Körper und Geist hat in der Philosophie eine Haltung geschaffen, die das Denken in ein Reich einer abstrakter Vernunft oder Logik stellt. So als könnte das Denken ohne einen Menschen und ohne seinen Körper auskommen.

Ich denke nicht mit meinem Gehirn. Dieser Satz sagt nichts anderes, als dass wir uns beim Denken nicht unseres Gehirns bewusst sind. Wir wissen nicht, wenn wir rotes Laub sehen, welche Gehirnregionen gerade für diese Wahrnehmung zuständig sind. Unser Denken, das sich wie eine Wolke um ein schemenhaftes Ich befindet, ist für uns nichts Materielles. Die Gedanken, die uns in den Sinn kommen, haben *für uns scheinbar* keine unmittelbare Verbindung zu unserer Körperhaltung, unserer Bewegung, Verdauung und unserem allgemeinen Gesundheitszustand. Erst wenn wir Schmerzen haben, drängt der Körper durch die gläserne Hülle des Geistes. Schmerz lässt sich nicht wegdenken. Er zieht unsere ganze Aufmerksamkeit in sein dunkles Zentrum. Wer schon einmal Zahnschmerzen hatte, der kann bestätigen, dass es zum Beispiel unmöglich ist, ein Buch in Ruhe zu lesen, wenn der Schmerz den ganzen Schädel ausfüllt. Der

Schmerz ist die äußerste Grenze, an der unser Körper mit unserem Denken verknüpft ist. Dazwischen gibt es unzählige Nuancen. Überspitzt kann man sagen: *Jede Art der Bewegung bzw. jede Haltung des Körpers ermöglicht, erleichtert oder schafft bestimmte Gedankenprozesse.*

Eine allgemeingültige Regel gibt es dafür nicht. Jeder muss für sich herausfinden, welche Bewegungen und Körperhaltungen ihn zum Denken anregen.

Erstellen Sie für sich einen Atlas der Bewegungen und Körperhaltungen, bei denen Sie zum Beispiel besonders gut entscheiden oder frei gestalten können.

✳ ✳ ✳

Laufen und vor allem Laufen ohne direkte Zielvorgabe hat für viele Künstler, Manager oder auch gestresste Alltagsmenschen eine befreiende Wirkung. So schreibt der japanische Schriftsteller Haruki Murakami, dass der Langstreckenlauf eine Form der Meditation ist, die wie das Schreiben eine Auseinandersetzung mit sich selbst ist. Beim Laufen gibt es nur einen Gegner: sich selbst. Murakami nimmt beim Laufen einen Kampf auf, den er nie gewinnen kann. Mit jedem Schritt treibt er seinen eigenen Willen vor sich her. Der Schreibprozess ist sozusagen die andere

Seite der Grenzüberschreitung. Der Kampf mit sich selbst.

Doch nicht jeder ist Langstreckenläufer. Der Schriftsteller John Irving war leidenschaftlicher Ringer. In einem Interview verglich Irving seine Begeisterung für das Ringen mit dem Schreibprozess. Beim Ringen übt man eine Bewegung so lange, bis sie in Fleisch und Blut übergegangen ist. Das Gleichgewicht ist im Ringen wichtig. Jede Bewegung kann nur fließend erfolgen, wenn Kraft und Schnelligkeit mit dem Gleichgewicht des Körpers harmonieren. Die Arbeit am Text ist für Irving wie das Ringen ein ständiger Prozess von Korrekturen, Überarbeitung, Streichungen, Umstellungen. Schreiben ist für Irving nichts, was plötzlich dasteht und so bleibt, sondern ein Prozess, bei dem bei jedem Schritt das Gleichgewicht gehalten werden muss. Wie im Ringen kann man im Schreibprozess das Gleichgewicht verlieren. Der Rhythmus der Sätze bricht, Dialoge wirken hölzern, Beschreibungen sind überflüssig oder fehlen. Das Gleichgewicht im Kopf ist von ebenso großer Bedeutung wie das Gleichgewicht bei jeder Bewegung. Das Gleichgewicht ist die Mitte, um die sich jede Bewegung dreht.

Jede Art der körperlichen Bewegung gibt einen bestimmten Rhythmus vor und zwingt einen, das Gleichgewicht zu halten. Wer vor großen Entschei-

dungen steht und sich fragt, ob er den Herausforderungen gewachsen ist, kann den Selbstzweifeln begegnen, indem er sie in eine Form der Bewegung
überträgt, die seiner geistigen Herausforderung entspricht. Gemeint ist keine mathematische Entspre-
chung. Dafür gibt es keine Wissenschaft. Sie müssen
für sich selbst herausfinden, welche Form der Bewegung Sie in welchen geistigen Zustand versetzt.

Markus B., ein Investmentbanker Ende dreißig,
stand vor einer Auseinandersetzung mit einem Kollegen.

»Wer in einer Bank überleben will«, meinte Markus
B., »muss im Kopf auf Kämpfe vorbereitet sein. Sieg
oder Niederlage, alles entscheidet sich im Kopf.«

Als ich ihn kennenlernte, stand er vor einem Mee-
ting, das für seinen Job lebenswichtig war. Es ging
um alles oder nichts. Aufstieg oder Ende der Karriere. Markus B. erzählte mir, dass er früher als Kind nie
jemand war, der sich durchsetzen konnte. Er musste
das lernen. Seine Mutter redete ihm ein, dass er ein
zarter Junge sei, der gar nicht dafür gebaut sei, sich zu
wehren. »Der Klügere gibt nach«, erzählte man ihm
immer. Erst Jahre später im Berufsleben verstand er:
»Der Schwächere gibt nach.«

»Ich wusste nur eines«, erzählte er mir, »ich wollte
nicht mehr der schwächliche Junge sein, der immer

nur lächelnd nachgab.« Doch man denkt sich nicht einfach schnell als harten Mann oder toughe Frau. Der Kopf ist zwar Zentrum des Willens, aber auch das Zentrum der Angst. Wer Zweifel an sich hat und in eine Auseinandersetzung geht, der verliert. Kämpfen lernt man. In den Tagen vor wichtigen Meetings war der Schlachtplan nur ein Teil seiner Strategie. Er selbst muss im Innern stark sein. Trainieren kann er diese Stärke aber auf andere Weise. Für Markus B. war die beste Vorbereitung sein abendliches Boxtraining. Beim Sparring übte er nicht nur hart zu schlagen, sondern auch auszuweichen und vor allem auch Schläge zu kassieren.

»Kollegen wunderten sich dann oft, wie ich so viel vernichtende Kritik einstecken konnte und trotzdem so ruhig geblieben bin«, meint Markus heute, während er sich über eine Augennarbe streicht. »Eine Erinnerung an einen Kopfstoß. Übler Cut.«

Sie wussten eben nicht, wie viel ich schon im Training habe einstecken müssen. Das war genauso hart, und ich stand immer wieder auf.

Boxen war für Markus B. die ideale Form der Bewegung, die er brauchte, um die Kämpfe innerhalb der Bank zu überstehen.

Ausdauersportarten wie Laufen sind in ihrem Bewegungsmuster monoton. Man trainiert dort weniger, auf Überraschungen gefasst zu sein, als vielmehr durchzuhalten. Gleichmäßiger Atem, Schrittfrequenz und das Einteilen der Kräfte stehen im Vordergrund. Wer regelmäßig und über einen längeren Zeitraum läuft, lernt schneller und präziser, wie körperliche Bewegung und Denken ineinanderfließen. Läufer kennen den Effekt, dass es Tage gibt, an denen sie keine Lust haben zu laufen. Es ist zu kalt draußen, oder Regen hat den Waldboden in eine Schlammpiste verwandelt. Doch man läuft trotzdem, gegen den inneren »Schweinehund«. Die Disziplin, mit der man sich zum Laufen überwindet oder beim Laufen das »Ich kann nicht mehr« weiter hinausschiebt, überträgt sich auch auf das Denken. Es stärkt den Willen. Das Suchen nach neuen Lösungsstrategien ist oft aufreibend und langwierig. Es gibt Menschen, die von Natur aus einen starken Willen haben. Sie setzen sich etwas in den Kopf und schreiten voran. Manchmal fragt man sich, woher sie diese Kraft nehmen. Sie sind damit geboren, oder sie haben es sich über Jahre antrainiert. Durchhaltevermögen lässt sich trainieren. Disziplin ist ja nichts anderes, als zu lernen, über seine eigenen Schwächen hinwegzusehen. Körper und Geist gewöhnen sich an Bewegungsmuster.

Je mehr Sie Übung im Erkennen dieser Muster haben und wie sich Bewegung auf Ihr Denken auswirkt, desto besser können Sie Ihr Denken fließend gestalten. Sie erzeugen damit nicht unmittelbar Gedanken oder Ideen, aber Sie geben den Gedanken und Ideen, die Ihnen kommen, ein Feld der Entfaltung. Den Fehler, den Künstler, Unternehmer oder ganz allgemein kreative Menschen machen, ist, zu glauben, dass man Ideen durch bloße Willenskraft erzeugen kann. So als müsste man nur lange genug auf ein weißes Blatt Papier starren, um eine komplette Story im Kopf zu haben. Auch der Unternehmer, der dringend eine neue Produktidee braucht, um sein Unternehmen auf dem Markt zu halten, findet nicht kraft seiner Willensanstrengung die zündende Idee. Gedanken und Ideen findet man. Man sucht sie nicht. Anders ausgedrückt: Der Gedanke kommt zum Menschen und nicht der Mensch zum Gedanken. Man erzwingt keine Leichtigkeit.

Bewegungen wie Laufen oder andere Sportarten schaffen günstige Bedingungen für kreatives Schaffen. Wer nicht weiß, wie er entscheiden soll, wer in seinen Zweifeln steckengeblieben ist, kann sich körperliche Bewegungsmuster antrainieren, die ihn auch denkend voranbringen.

Die Art der Bewegung ist nicht wichtig. In schwierigen Lebenslagen, nach einer Trennung oder dem Verlust eines geliebten Menschen, hat sich die alte Welt in einen Ort ohne Licht verwandelt. Ein Zimmer ohne Fenster, nur endlose Wände. Man entkommt diesem imaginären Kerker nicht so einfach, und je tiefer der Schmerz ist, desto unbewohnbarer erscheint einem die Welt.

Ein guter Freund hatte nach der Trennung von seiner langjährigen Freundin den Boden unter den Füßen verloren. Er ging zur Arbeit wie ein Zombie, wollte keine Freunde mehr sehen und verließ zum Schluss sein Haus nicht mehr. Dies ging so weit, dass er auch körperlich krank wurde. Er beschrieb sein Leben als ein über alle Grenzen ausgedehntes Gefängnis. Niemals würde er mehr lieben können, niemals mehr dieses Gefühl für jemanden haben ... Jeder kennt die Worte, die man in solchen Situationen von sich gibt.

»Dein Gefängnis ist nur in deinem Kopf«, sagte ich zu ihm.

»Deshalb gibt es ja keinen Ort ohne Mauern mehr für mich.«

Ich setzte dagegen und wettete, dass mit der Ortsveränderung auch die Mauern in seinem Kopf verschwänden. Er buchte eine Reise nach Kanada. Dort würde er mit dem Rucksack unterwegs sein. Zwei Monate über leere Straßen, in Hütten schlafen, neue Menschen kennenlernen. Als er nach zwei Monaten zurückkam, war er in der Tat wie ausgewechselt. Er meinte, dass die Mauern in seinem Kopf sich aufgelöst hatten, als er vom Flugzeug auf die Eisschollen Grönlands blickte, und als er dann von seinem Zimmer in der Ferne den Kamm des Mount Logan sah, waren die Mauern zu Straßen geworden. Zu den Tageszeiten, an denen er zu Hause auf der Couch gesessen und die Wand angestarrt hatte, wanderte er jetzt durch eine gefrorene Landschaft. Anstatt der Mauern waren da nun Wegweiser und Wege ins Unbekannte.

Wenn Ihnen sprichwörtlich die »Decke auf den Kopf fällt«, wenn Sie sich eingeengt fühlen, dann kann auch Ihr Denken sich nicht frei entfalten. Entscheidungen werden ängstlich getroffen, unsicher oder auf unbestimmte Zeit aufgeschoben. Mangelnde Entscheidungskraft, Ideenlosigkeit, das scheinbare Fehlen von Alternativlösungen sind ein Zeichen dafür, dass Sie festgefahren sind. Oft genügt schon ein ausgedehnter Spaziergang. Manchmal reicht schon eine einfache Fahrt mit der S-Bahn durch die Stadt oder eine längere Fahrt mit dem Auto übers Land, um aus Mauern Wege zu machen.

Legen Sie sich Denkzonen an. Wählen Sie einen Weg zur Arbeit, der stressfrei ist. Vielleicht können Sie, statt im Stau zu stehen, das Fahrrad benutzen oder die Tram? Kommen Sie nicht auf den letzten Drücker an, dies erlaubt Ihnen noch, einen Abstecher in ein Café zu machen oder noch ein paar Schritte zu Fuß zu gehen. Konzentrieren Sie sich in diesen letzten Minuten auf den Tag und die Aufgaben, die vor Ihnen liegen.

Als Faustregel gilt: Je wichtiger die Entscheidungen und Pläne, die Sie treffen, je größer die Projekte und je mehr Zeit verplant wird, desto mehr brauchen Sie Zeit, um sich darauf vorzubereiten. Geben Sie Ihrem Körper die Art von Bewegung, die Sie später geistig haben wollen. Erwarten Sie keine fertigen Antworten. Wenn Sie sich bewegen, tut es auch Ihr Geist. Ihr Geist produziert nicht die Antworten, die Sie erst nach begonnenem Projekt bekommen können. Sie erhalten aber eine Stoßrichtung und vor allem den Mut, Ihr Projekt anzustoßen. Denn mit Ihrer Entscheidung richten Sie die Bedingungen ein, damit die Dinge später so eintreffen können, wie Sie es wünschen. Je mehr Zeit und Energie Sie in Ihre Vorbereitung stecken, desto wahrscheinlicher wird auch der Erfolg Ihres Unternehmens. Es gibt eine Phase, in der Sie etwas in Bewegung bringen. Eine andere Phase ist, etwas in Bewegung zu halten und die Bewegung zu verfeinern.

Gott, der ewige Wanderer

Ein Philosophieprofessor erklärte in einer Einfüh-
rungsvorlesung seinen Studenten: »Nenne mir deine
Axiome, und ich sage dir, wie du denkst.«

Der Professor war weder ein Hellseher, noch ver-
fügte er über Fähigkeiten, die Gedanken anderer
Menschen zu lesen, er gab lediglich eine uralte Wahrheit wieder: Unser Denken ist von festen Sätzen bestimmt. Das sind Wahrheiten, die wir nicht in Frage
stellen. Zum Teil sind wir durch Erziehung in diese
Wahrheiten hineingewachsen, zum Teil sind es Wahrheiten, die sich im Laufe unseres Lebens geprägt haben. Es sind Dinge, von denen wir überzeugt sind,
dass sie so sind, wie sie sind. Axiome sind Grundannahmen, auf denen ein bestimmtes Denksystem
beruht. In der Mathematik sind es wenige logische
Sätze, auf denen das ganze System aufgebaut ist. Das
Denken eines Menschen hängt dagegen oft von bestimmten Glaubenssätzen ab. Diese Sätze sind wie die

äußeren Punkte eines aufgespannten Netzes. Durchtrennt man die ersten Knoten, dann löst sich das ganze Netz auf. Das Netz ist die symbolische Ordnung, mit der wir unsere Welt verstehen. Was außerhalb dieser Ordnung ist, können wir nicht fassen. Es sei denn, wir tauschen das ganze Netz aus und ändern die symbolische Ordnung.

Nun können wir uns fragen, ob wir Gefangene dieses Netzes sind und uns grundsätzlich innerhalb dieses Systems bewegen oder ob wir uns bewusst werden können, dass wir uns nur in einem von vielen Erklärungsmodellen befinden.

Was also bringt uns ein Wissen, wenn wir uns zu diesem Wissen nicht kritisch äußern können? Wissen ist eben nicht Denken. Wer sich Wissen aneignet, sollte sich auch immer darüber Gedanken machen, wie er zu diesem Wissen gekommen ist, von wem er es hat und welche Glaubensgrundsätze oder Grundannahmen damit stillschweigend akzeptiert werden.

Machen Sie doch einmal den Test. Stellen Sie jemandem aus Ihrer Verwandtschaft oder aus Ihrem Freundeskreis die Frage: »Ist der Mensch von Natur aus böse, und muss er zum Guten erzogen werden, oder ist er von Natur aus gut und muss vor dem Bösen durch Erziehung bewahrt werden?«

Sie werden die unterschiedlichsten Meinungen hören. Vor allem werden Sie gleich merken, was für eine Art Weltvorstellung der- oder diejenige hat. Die Konsequenzen aus diesen sehr allgemeinen Grundannahmen haben auch eine direkte Konsequenz, wie die Gesellschaft aussieht, ob und wie der Staat den Menschen korrigieren soll und ob zum Beispiel die Freiheit für den Menschen gefährlich oder erstrebenswert ist.

Geht man wie der Philosoph Hobbes davon aus, dass der Mensch an sich schlecht ist, braucht es einen »Erzieher«. Die Vertreter eines starken Staates halten den Menschen für verdorben und halten eine starke Staatsmacht für unumgänglich. Der Mensch ist danach nur zu einem Teil lernfähig. Auf keinen Fall kann daraus eine Gesellschaft wachsen, die auf eine Staatsgewalt verzichten kann. Der »schlechte Mensch« schadet sich selbst. *Der Mensch ist dem Menschen ein Wolf.*

Der erste Grundsatz prägt das ganze Weltbild eines Menschen. Wer so denkt, der misstraut grundsätzlich dem anderen. Der gute Mensch ist für ihn entweder eine quasi nicht existierende Ausnahme oder ein Zeichen von Schwäche. Das Gute ist darin nicht überlebensfähig. Auch die Vernunft bewegt sich innerhalb des jeweiligen Denksystems. Wer den Satz »Der Mensch ist schlecht« nicht teilt, der denkt danach nicht vernünftig.

Alles hängt von solchen Fundamentalsätzen ab. Ihre Welt kann ein Ort sein, in der die anderen grundsätzlich feindlich gesinnt sind, in der man nur überlebt, wenn man selbst rücksichtslos ist, und in der man weiterkommt, wenn man anderen Menschen misstraut.

Jeder ist sich selbst der Nächste.

In einer solchen Welt gilt der Wettbewerb als gestaltendes Prinzip der Gesellschaft. Kein Miteinander, sondern ein Gegeneinander. Der Stärkere gewinnt. Der Staat vertraut seinen Bürgern immer weniger. Es entsteht eine Neigung zur Kontrolle und zur Zensur. Mitbestimmung wird eingeschränkt. Das Gute kommt vom strafenden Staat. Kriege werden zum Exportschlager des Friedens. Der Krieg ist vergleichbar mit einer Virusinfektion aus Misstrauen. Wo Menschen sich misstrauen, sprechen Waffen. Wer immer nur gegen andere ankämpft, wer sie bezwingen anstatt überzeugen will, sät eine Mentalität des Ausbeutens und der Intrigen.

⁂

Fragen Sie sich, was Sie jeden Tag sehen, wenn Sie den Fernseher anmachen? Was für ein Menschenbild wird Ihnen dort unbewusst vermittelt? Wie stehen Sie selbst zu Ihren Mitmenschen? Auch wenn Sie die Glaubenssätze nicht sofort erkennen und keine Begriffe dafür haben: Sie sind da und bestimmen Ihr Leben. Lassen Sie sich nicht von Ihren ersten Emotionen hinreißen, die Ihnen Bilder, Nachrichten oder Ereignisse in den Kopf pflanzen. Geben Sie sich Zeit, und geben Sie Ihren Gedanken Raum, indem Sie ein paar Schritte gehen. Sie werden feststellen, dass zum Beispiel erschütternde Fernsehnachrichten, die Sie vor einigen Minuten noch innerlich kochen ließen, ziemlich schnell abflauen, wenn Sie den Fernseher ausmachen und spazieren gehen. Diese Bilder funktionieren bei Ihnen, weil sie einen Glaubensgrundsatz ansprechen, wie eine Saite tief in Ihnen, die angestoßen wurde und in einer ganz bestimmten Frequenz zu schwingen beginnt. Sie verblassen auch schnell wieder, weil Sie persönlich nicht davon betroffen sind und die nächste Horrornachricht schon in den Startlöchern wartet.

* * *

Rufen Sie sich in Gedächtnis, dass es nicht nur eine Realität gibt, sondern viele Versionen, die vom Blickwinkel bzw. von den fundamentalen Glaubensgrundsätzen abhängen. Sicher kennen Sie die optische Täuschung: Auf den ersten Blick erkennt man eine junge Frau, die weiß vor einem schwarzen Hintergrund zu sehen ist. Konzentriert man sich jedoch nur auf den schwarzen Hintergrund, rückt plötzlich das Schwarz in den Vordergrund, und es erscheint eine alte Frau, die nun schwarz dargestellt ist, vor einem weißen Hintergrund. Nehmen Sie es als menschlichen Makel, dass wir immer nur eine Seite ansehen können. Entweder man sieht die alte Frau oder die junge. Beide gleichzeitig kann man nicht sehen. Es ist jedoch gut, zu wissen, dass die andere da ist, auch wenn man sie nicht sieht.

Warum können wir nicht beide gleichzeitig sehen?

Optische Täuschungen geben uns einen Eindruck, wie sehr unsere Wahrnehmung verzerrt ist.

Ich glaube an das, was ich sehe.

Ein Satz, der schon beim Betrachten des Sternenhimmels an Glaubwürdigkeit verliert. Denn sieht man in einer wolkenfreien Nacht zum Sternenhimmel auf, dann stellt man fest, dass die Sterne sich in Bezug zu dem starr erscheinenden Horizont bewegen. Die Beobachtung gibt nicht die Realität wieder, wie sie ist. Wir drehen uns zwar mit der Erde, doch ist diese Rotation für uns nicht wahrnehmbar. Lange Zeit glaubten die Menschen, dass die Erde im Mittelpunkt des Universums steht. Diese Täuschung beruhte auf dem Glauben, dass die Eigenwahrnehmung ein unverfälschtes Abbild der Wirklichkeit gibt.

⁂

Bewegung und Veränderung können von uns nur wahrgenommen werden, wenn wir einen bestimmten Bezugspunkt haben. So erscheint uns ein Auto, das auf einer Landstraße in weiter Ferne auf uns zu kommt, als ob es sich nicht bewegt. Es ist ein unbeweglicher Punkt. Auch wenn dieser Punkt sich verändert und allmählich größer wird, haben wir noch keine reale Vorstellung davon, wie schnell das Auto tatsächlich ist. Mit etwas Phantasie könnte man auch annehmen, es handelt sich um einen Ballon, der aufgeblasen wird. Erst wenn das Auto an uns vorüberrast, können wir abschätzen, wie schnell es tatsächlich war. Seine Bewegung haben wir schon früher wahrgenommen, und zwar in dem Augenblick, als wir das Auto vor dem Hintergrund der Landschaft vorbeiziehen sahen. Erst die Landschaft als zweite Bezugsgröße erlaubt es uns, von einer Bewegung des Autos zu sprechen. Stellt man sich die Landschaft als Computergraphik vor, die einfach ausgeblendet werden kann, verschwindet auch die Bewegung des Autos. Es gibt nichts, was sich bewegt, ohne einen Bezug zu etwas anderem zu haben. Bewegung und Veränderung sind immer Übergänge. Die Tatsache, dass wir Bewegung und Veränderung nur dann wahrnehmen können, wenn wir gegensätzlich bestimmte Zustände haben, gibt uns den Eindruck, dass es Unveränderliches gibt. Wer schon einmal in ein Land gereist ist, in dem es keine Jahreszeiten gibt, stellt bald fest, dass die Bezeichnungen Frühling, Sommer, Herbst und Winter keinen Sinn ergeben. Die Temperatur ist fast immer die gleiche, die Vegetation ebenfalls, und die Menschen laufen das ganze Jahr über in kurzärmeligen Hemden herum. Der Winter in Deutschland oder in Frankreich ist fühlbar. Es wird kalt, die Tage werden kürzer, und die Menschen ziehen sich warm an. Den Herbst kann man als Übergang von der heißen zur kalten Jahreszeit betrachten.

Wichtig ist der Standpunkt beziehungsweise die Wahrnehmungsperspektive des Beobachters.

⁂ ⁂ ⁂

Merkwürdig ist das Bewegungsprinzip in der Relativitätstheorie. Wenn man von Beobachterperspektive spricht und von Bewegung, die nur existiert, wenn es ein Bezugssystem gibt, dann denken viele an Einsteins Sätze der Relativitätstheorie. Ohne nun diese Theorie zu vertiefen, sind darin jedoch einige Fragen für das Prinzip der Bewegung wichtig. Bewegung braucht immer etwas, zu dem es sich relativ bewegt, und wenn alles relativ nur zu anderem sich bewegt, gibt es dann noch eine absolute Größe, also eine Art universelles Maß, nach der jede Bewegung gemessen werden kann?

Nach den Grundsätzen der Relativitätstheorie bewegt sich das Auto relativ zur Landschaft, genauso wie die Landschaft sich zum Auto bewegt. Kurz, es gibt nichts, was stillsteht, außer in Bezug zu etwas, was sich bewegt. Dennoch hat die Relativitätstheorie ein Fundament, das gerade nicht relativ ist: das Licht. Es bewegt sich mit einer fixen Geschwindigkeit. Die masselosen Photonen eines Lichtstrahls bewegen sich mit ungefähr dreihunderttausend Kilometern pro Sekunde oder mit annähernd einer Milliarde Stundenkilometern. Diese Geschwindigkeit ist absolut. Das heißt, sie ist von keinem Betrachterstandpunkt abhängig. Wenn man eine Taschenlampe in einem fahrenden Zug anschaltet, bewegt sich der Lichtstrahl mit dreihunderttausend Kilometern pro Sekunde. Die Geschwindigkeit des Zuges beschleunigt den Strahl nicht. Er ist genauso schnell wie in einem stehenden Zug.

Dieser kleine Ausflug in die Relativitätstheorie

zeigt eines: Die Relativitätstheorie hat einen absoluten Drehpunkt – die Geschwindigkeit des Lichts. Anders ausgedrückt: Das Einzige, was an der Relativitätstheorie unveränderbar und absolut im Zentrum steht, ist etwas, das nur ist, solange es sich bewegt. Das Licht.

Wenn man sich einen Schöpfer des Universums vorstellen will, dann sollte man nicht an einen sitzenden Gott denken, sondern an einen unsteten Wanderer. Eine Gestalt, die noch nie in Ruhe war und seit Beginn der Zeiten in Bewegung ist.

Ist alles relativ?

Alles ist relativ!

Alles hängt vom Standpunkt des Betrachters ab.

Sicher haben Sie dies schon in Diskussionen gehört. Es ist eine rhetorische Floskel, mit der meistens eine unhaltbare These vertreten wird. Da ja alles »relativ« ist, kann sich kein Standpunkt als falsch oder richtig herausstellen. Auf diese Art von Argument brauchen Sie sich gar nicht erst einzulassen, denn sie sagt nichts anderes aus, als dass Ihr Gegenüber keine Lust hat, mit Ihnen zu diskutieren. Wenn aber jede Meinung als nicht diskutierbarer Standpunkt gilt, dann kann man sich jede Argumentation sparen. Mit der Relativitäts-theorie hat das nichts zu tun.

Auch die kurze Einleitung in die Relativitätstheo-rie ist keine Einführung in die Physik. Sehen wir die Relativitätstheorie einfach als eine Quelle an, un-ser Denken in einen *biegsameren Modus* zu bringen. Zwei Dinge waren dabei wichtig. Erstens: Wählen Sie verschiedene Betrachterstandpunkte aus. Zweitens: Das Prinzip der Bewegung liegt allem zugrunde. Dies heißt nicht, dass Sie sich auf nichts mehr verlassen können und kein Wert und keine Deutung mehr gültig sind. Das Prinzip der Bewegung besagt lediglich, dass ein und dieselbe Sache in Extreme zerfallen ist und Sie nur die äußeren Pole wahrnehmen. Die Bewegung sehen Sie nicht. Doch auf diese kommt es an.

Leben ist wie Licht. Solange es Bewegung gibt, so lange existiert es. Jede Materie und jeder organische Körper unterliegen der Veränderung. Ihr Herz schlägt, auch wenn Sie sich nicht bewegen. Sie atmen, und Ihre Zellen folgen einem organischen Prozess, den Sie nicht steuern können. Kommt dieser Prozess zum Stehen, hört das Leben auf. Dies gilt auch für abstrakte Dinge wie menschliche Beziehungen oder berufliche Entwicklungen oder künstlerisches Schaffen. Wo es zu Stillstand kommt, hören Beziehungen plötzlich auf, entsteht Unzufriedenheit im Beruf oder stecken Künstler in Schaffenskrisen.

Was geschieht, wenn wir plötzlich »Stillstand« in unserem Leben feststellen? Der letzte Stillstand ist unser physisches Leben, doch dies setzen wir einmal als gegeben voraus. Was heißt es, wenn Stillstand in einer Liebesbeziehung oder im Berufsleben empfunden wird?

Die »Stillstandserklärung« ist unangenehm. Für denjenigen, der sie macht, und für denjenigen, an den sie gerichtet ist. Stillstand in Beziehungen bedeutet nun nicht, dass die Lebenspartner aufgehört haben, in einer Beziehung zu leben. Sie gehen ihren Hobbys nach, ihrem Berufsleben, sie schlafen im selben Bett, sie essen zusammen, sie verstehen sich oft ohne Worte, weil sie ja schon wissen, was der andere in bestimmten Lebenslagen denkt. Vergleicht man eine Beziehung mit einem Musikstück, so hört die Musik nicht auf zu spielen. Sie verändert sich nur kaum mehr oder gar nicht mehr. Stellen Sie sich ein Musikstück vor, bei dem eine halbe Stunde nur derselbe unveränderte Ton ohne Unterbrechung gespielt wird. Niemand wird einen gleichbleibenden Ton auf Dauer als angenehm empfinden. Wiederholt er sich über einen langen Zeitraum, dann geschieht es sogar, dass man ihn nicht mehr hört. Menschen, die an Bahngleisen wohnen, kennen die Intervalle der Züge so genau, dass ihr Gehirn den vorbeirauschenden Zug nicht mehr als störend empfindet. Manche hören die Züge gar nicht mehr. Eine Melodie, die nur aus einem Ton besteht oder aus der Wiederholung eines Taktes, empfinden wir auf Dauer als »Stillstand«. Wenn zwei Menschen sich in ihren Gewohnheiten so weit angenähert haben, dass jeder Schritt und jeder Satz vorhersagbar wird, wenn der andere wie ein Uhrwerk funktioniert, das ohne Zeiger vor sich hin brummt, dann löst er sich in unserem Bewusstsein zu einer gleichtönenden Melodie oder, noch schlimmer, zu einem monotonen Klang auf. Wir sehen ihn nicht mehr. Und sehen wir den anderen nicht, dann sehen wir auch keine Beziehung mehr.

Liegt die Lösung darin, sich jeden Tag mit ausgefallenen Neuigkeiten zu überraschen?

Auch bei größtem Einfallsreichtum verebbt das Neue im Glanz der Wiederholung. Die Geschenke werden teurer, dafür uninteressanter. Der Perlenkette folgt ein Luxusurlaub, unsere Konsumgesellschaft hat die Lösung für das »Neue« an Objekte gebunden. Doch auch die Objekte verflachen, wenn man erst einmal genug von ihnen hat. Es bleibt der schale Geschmack des Neuen, das nur sich selbst kennt. Oder wie in Samuel Becketts erstem Roman *Murphy*: *»Und die Sonne schien, weil sie es nicht anders wusste, auf das Nichts des Neuen.«*

Ist es also wirklich das »Neue«, das uns vor dem Stillstand bewahren kann? Stattdessen sollte man sich fragen, welche Lücke das »Neue« füllen soll? Ist es nicht so, dass es Heilmittel gegen Wiederholung, Gleichklang, Berechenbarkeit sein soll?

Schauen wir uns die Melodie an, die nur aus einem

Ton besteht. Töne sind Schwingungen. Solange der Ton spielt, so lange ist auch Bewegung. Nur ist es so, dass wir diese Bewegung nicht wahrnehmen. Wir nehmen nur die Veränderung der Töne wahr. Den gleichbleibenden Ton empfinden wir wie eine stillstehende Beziehung als starr. Obwohl die täglichen Gewohnheiten weiterlaufen, werden sie als Stillstand empfunden. Dies liegt an unserer Erwartungshaltung. Wir wissen, dass dieser gleichbleibende Ton auch in zehn Minuten noch so sein wird und, wenn sich nichts ändert, auch noch in dreißig Jahren. Die Vorstellung, dass Vergangenheit, Gegenwart und Zukunft zu etwas verschmelzen, in dem die Zukunft nichts anderes mehr sein wird als der Status, den man im Augenblick hat, lähmt die meisten Menschen. Was der Zukunft plötzlich zu fehlen scheint, ist die Möglichkeit, dass sich etwas ereignen kann, was nicht vorhersehbar ist.

Wozu noch etwas begehren oder wozu Motivation, wenn alles nach Plan läuft? Wenn die Zukunft nur das Bestätigen eines Planes ist? Anders ausgedrückt: Die Zukunft löst sich auf, wenn sie als Möglichkeit neuer Wege oder als Horizont unbekannter Ereignisse aus unseren Vorstellungen verschwindet. Wer nicht mehr daran glaubt, dass etwas in seinem Leben geschieht, was er sich heute noch nicht vorstellen kann, der ist zwar nicht davor gefeit, dass ein Ereignis ihn unerwartet trifft, ihm fehlt jedoch für den Augenblick eine Vision, die ihm diese Möglichkeit bietet. Er verpasst die günstigen Gelegenheiten, weil er sie nicht als Möglichkeiten wahrnimmt, und zerbricht an Schicksalsschlägen, die ihn leichter aus dem Gleichgewicht bringen. Ein Judoka sagte mir einmal, dass es besser sei, fallen zu lernen, als es zu vermeiden. Wer immer nur vermeidet und aufpasst, dass er nicht stolpert, der lebt ängstlich und wagt keine größeren Schritte. Dies führt dazu, dass die gesamte Energie für Vermeidungsstrategien verwendet wird. Wer fallen lernt, der kann größere Schritte wagen, der bewegt sich leichter, denn er hat keine Angst, aus dem Gleichgewicht zu geraten. Er weiß, wie man fällt, und vor allem hat er gelernt, wie man wieder aufsteht.

∗∗*∗*

Die Melodie einer Beziehung kommt durch die Variation der Töne. Soll dies aber nun heißen, dass man in einer Beziehung auf Gemeinsamkeiten verzichten soll? Im Gegenteil, es wirkt künstlich, wenn ein Partner in einem Anfall von Selbstverwirklichung plötzlich keine Rücksicht mehr auf seinen Partner nimmt und ihn vor den Kopf stößt. Dadurch gewinnt die Beziehung nicht an Reiz. Es stellt sich dann eher die Frage: Warum soll man mit einem Partner leben, wenn die Beziehung nur als Unterordnung empfunden wird? Wer lässt sich schon freiwillig einsperren? Eine Beziehung ist mit einer Melodielinie vergleichbar. Nicht jede Variation klingt für beide Partner angenehm. Nicht jede Veränderung der Tonlage wird als harmonisch empfunden. Die Beziehung gleicht eher einer Komposition, in der sich die Unterschiede aushalten. Und aushalten können sie sich auf Dauer nur, wenn die Unterschiede von beiden Partnern getragen werden. Das Gegenteil davon wäre, wenn ein Partner (oder beide) darauf bestehen, dass nur noch Gemeinsamkeiten bestehen. Das heißt, Unterschiede werden ausgeräumt. Der eine Partner betreibt nun das Hobby des anderen oder übernimmt die Meinung und Weltsicht des anderen. Es ist die falsche Einsicht, dass Liebe eben die Gleichrichtung der Paare zur Folge hat. Eine perfekte Beziehung ist für diese Paare ein monotoner Ton, ohne Variation und ohne Brüche. Doch in den seltensten Fällen überleben diese Beziehungen sehr lange. Sie lösen sich auf, ohne dass beide genau sagen können, warum die Beziehung gescheitert ist. Man geht auseinander und hat meistens nur die Erklärung parat: »Wir haben uns halt auseinandergelebt.« In Wirklichkeit haben beide zu stark zusammengelebt.

Daher sind ein handfester Streit und Diskussionen in einer Beziehung überlebenswichtig. Wer sich hin und wieder streitet, entwickelt in der Beziehung auch so etwas wie eine Streitkultur. Man schätzt den anderen für seine andere Meinung. Gerade deshalb, weil er eben anders ist, liebt man ihn oder sie. Der ideale Mann, der seiner Frau jeden Wunsch von den Augen abliest (oder umgekehrt), ist ein Mythos. Wenn dies tatsächlich über längere Zeit in einer Beziehung geschieht, dann löst sie sich auf.

Bewegung erhält eine Beziehung, in der sich beide Partner wohl fühlen, durch das Bestehen der Unterschiede. Es sind die Variationen einer Melodie, die auch einer Beziehung erst ihren besonderen Klang geben.

Notausgang

»Nicht jeder hat den Mut, sich auf Veränderungen einzulassen«, oder: »Es gibt halt ängstliche Menschen und solche, die weniger Angst haben ...«

Ich bin, wie ich bin. Das Dogma des unveränderlichen Ichs, mit dem man geboren wird, das man nicht ändern kann und für das man nichts kann. Worauf sich die Sicherheit der Menschen stützt, die von einer derartigen These ausgehen, war mir immer rätselhaft. Die Illusion eines unveränderlichen Ichs, das uns zwingt, etwas zu tun oder nicht zu tun, ist genauso hartnäckig wie die Vorstellung, dass man mit bestimmten Fähigkeiten geboren wird und es daher sinnlos ist, völlig Neues zu erlernen.

Ein Studienfreund erzählte mir einmal nach einem Philosophieseminar, dass man die Menschen in zwei Kategorien einteilen kann: solche, die bestimmte Fähigkeiten von Natur aus haben, und solche, die weniger begabt sind und diese mühsam lernen müssen. Ich fragte ihn, woher er die Gewissheit nehme, dass die Gene all unsere Fähigkeiten bestimmen. Es gebe, so mein Studienfreund, eben Menschen, die alles lernen müssten, und andere, denen alles zufalle. Jeder kenne dies doch aus seinem Leben.

Bei den körperlichen Eigenschaften spielen die genetischen Voraussetzungen eine maßgebliche Rolle. Ob ein Boxer später einmal im Superschwer- oder im Fliegengewicht kämpfen wird oder ob jemand zwei Meter oder nur ein Meter sechzig groß sein wird, ist nichts, was man beeinflussen kann. Der Bereich des Erlernbaren ist jedoch wesentlich größer, als bisher angenommen wurde. Mit der Plastizität des Gehirns drücken Neurowissenschaftler die Fähigkeit des Gehirns aus, dass Teile des Gehirns sich je nach Verwendung in ihren Eigenschaften verändern können. Die Sinneseindrücke – etwa die der Hände – lassen sich im Gehirn mit einer Art Karte vergleichen. Eine Karte, die nicht fest ist, sondern plastisch. Sie verändert sich mit dem, was man tut. So hat man bei professionellen Tennisspielern eine vergrößerte Karte der Sinneseindrücke der Hand feststellen können. Die tägliche Übung eines Instruments oder das Training einer Sportart verändert nicht nur die interne Karte, sie verfeinert und vergrößert sich auch mit der Intensität der Beschäftigung. Je länger und intensiver etwas betrieben wird, desto größer ist auch der plastische Effekt. Die Formbarkeit des Gehirns sind, genauer gesagt, die synaptischen Verbindungen, die man sich wie Schaltkreise vorstellen kann, die sich von selbst verändern.

Die Vorstellung des denkenden Gehirns ist zwar selbst nur ein Modell, das man von sich selbst macht, ohne dass man einen direkten Bezug zu diesem Organ hätte. Niemand ist sich seines Gehirns und der elektrischen Impulse bewusst, aus denen die Gedanken sind. Die Trennung zwischen dem Körperorgan und dem denkenden Ich besteht zwar, doch bedeutet dies nicht, dass Veränderungen im Lernprozess des Gehirns nicht auch aus der Sicht des »Ichs« wahrgenommen werden können. Die Wahrnehmung geschieht eben nur nicht auf synaptischer Ebene. Man kann also nicht von sich selbst sagen, welche Gehirnbereiche bei der Lösung eines schwierigen mathematischen Problems beansprucht werden. Dagegen kann man sehr wohl an sich selbst beobachten, welche Einstellungen und Vorstellungen das eigene Denken behindern oder fördern.

Allgemein gilt: Wer sich nur an feste Glaubenssätze hält oder nur in Schwarz-Weiß-Kategorien denkt, erreicht nur eine geringere Beweglichkeit des Denkens. Der Grund, warum dennoch viele Menschen an festen

Glaubenssätzen festhalten, auch wenn sie wissen, dass diese wider jede Vernunft sind, ist die beruhigende Eigenschaft, die feste Glaubenssätze auf Menschen haben. Feste Glaubenssätze strukturieren die Welt. Von Dingen, die unverrückbar an ihrem Platz stehen, geht scheinbar keine Gefahr aus, weil man sie kontrollieren bzw. umgehen kann. Lebensprinzipien, Glaubenssätze oder scheinbar klare Vorstellungen, wie andere Menschen sich zu verhalten haben, oder eine vereinfachte Schwarz-Weiß-Weltsicht reduzieren Angst. Die Angst, die eine Veränderung mit sich bringt. In jeder Veränderung liegt auch die Angst, dass damit etwas Unkontrollierbares geschehen könnte. Es ist die uralte Angst vor etwas Unbekanntem. Die Angst, die einen beschleicht, wenn man vor Einbruch der Nacht von einer Lichtung zur dunklen Zone des Waldrandes blickt, wenn man einen Schritt weitergeht und die Konturen verschwimmen, wenn Äste knacken und nichts zu sehen ist. Das Unbekannte folgt keinen festen Glaubenssätzen. Es wirkt immer bedrohlich.

Dabei ist das Unbekannte genau die Hintertür, die Sie suchen, wenn Sie in Ihrem Leben feststecken. Und auch wenn Sie sagen, dass Sie froh über jede Veränderung sind, so meinen Sie damit nur Veränderungen, die sich innerhalb Ihres bekannten Rahmens bewegen. Doch darin bewegt sich nichts. Es sind nur tägliche Rituale, die sich wiederholen. Eine wahre Begegnung findet darin nicht statt. Um das Unbekannte zu finden, um jemandem oder etwas zu begegnen, das nicht in Ihr derzeitiges Koordinatensystem passt, müssen Sie eine Hintertür offenhalten. Ja, es ist eine fiktive Annahme, aber so fiktiv nun auch wieder nicht.

Hintertüren

Die Idee einer Hintertür ist mehr als nur die Vorstellung eines Auswegs. Es ist nicht das Bekenntnis eines Gefangenen, der sich einredet: »In Gedanken bin ich frei«, sondern eine reale Möglichkeit, sein Leben ändern zu können.

So hatte ich vor Jahren eine Frau kennengelernt, die am Tag ihrer Heirat ein Schließfach angemietet hat, in dem sie einen bestimmten Geldbetrag, ein Flugticket und eine geheime Adresse hinterlegt hatte. Dies war ihre Hintertür. »Falls alles schiefläuft«, sagte sie. Es lebt sich ungezwungener, wenn man weiß, dass man die Situation jederzeit ändern kann, wenn man will. Den Rat, ein Schließfach anzulegen, hatte die junge Frau von ihrer Mutter erhalten. Sie hatte ebenfalls ein »Schließfach«, das sie allerdings ihr Leben lang nicht benutzte.

Gleiches gilt im Beruf. Eine Hintertür kann zum Beispiel ein zweites Standbein sein. Wer weiß, dass er noch etwas anderes kann, ist nicht gezwungen, einen Job weiterzumachen, den er vielleicht nach Jahren nicht mehr erträgt. Der Banker mit einer Handwerkerausbildung oder der Lehrer, der auch als Bergführer seinen Lebensunterhalt bestreiten könnte, sie schaffen sich von Anfang an eine Hintertür. Es ist nie zu spät, sich eine Hintertür zu schaffen. Die Prioritäten legt jeder für sich fest. Der eine braucht berufliche Vielfalt, der andere lernt Sprachen, um nicht an ein Land gebunden zu sein. Das Gefühl, eine Hintertür zu haben, macht an sich nicht glücklich. Man sollte es von einem anderen Standpunkt aus betrachten. Die Vorstellung, dass man in seinem Leben keinen anderen Beruf mehr ausüben wird als denjenigen, den man zurzeit hat, oder die Gewissheit, dass man sein Leben in einem bestimmten Land oder einer bestimmten Kultur, in einer bestimmten Stadt oder sogar in einem Haus verbringen wird, hat für viele Menschen etwas Bedrückendes. Viele Menschen stört es nicht, in ein und derselben Stadt zu leben. Sie haben dort ihre Freunde, ihre Arbeit, alles geht seinen gewohnten Gang. Die einzige Veränderung um sie herum taucht in den Todesanzeigen des Lokalblattes auf. In diesen Augenblicken hat sich das Leben um sie herum bewegt, indem es für andere aufhört. In diesen Momenten erkennen sie die starre Mechanik ihres Lebens und dass es für sie genauso enden wird wie für den Verstorbenen in der Zeitung. Sicherlich kann das überschaubare Leben in einem Dorf angenehm sein. Das Angenehme verfliegt jedoch, wenn einem die Fatalität klar wird, dass sich nichts mehr verändern wird.

Die Vorsorge für das Alter ist hier ein doppelschneidiges Schwert. Wer in jungen Jahren fürs Alter vorsorgt, hat es im Alter gut. Vorsorge ist sicher ratsam, doch sie wird zur lähmenden Lebens- und Denkzange, wenn die Vorsorge für das Alter das Denken eines jungen Menschen erstarren lässt. Diese Menschen leben nicht, sie warten nur, bis es so weit ist. Sie haben schon mit fünfundzwanzig ihren Platz auf dem Friedhof, am besten noch im Familiengrab reserviert, sie haben schon ihren Sarg bezahlt, der irgendwo beim Bestatter lagert, den die Familie immer ruft, wenn es einen Todesfall gibt. Sie bauen viel zu große Häuser, die sie mindestens dreißig Jahre lang abzahlen, natürlich bei Kreditraten, die so hoch sind, dass an Jobwechsel nicht zu denken ist. Diese Menschen warten, bis das Warten endlich vorbei ist. Denn wer nur für das Ende lebt, der hat noch gar nicht begonnen zu leben.

Die Hintertür ist die geplante Flucht. Eine Freiheit, die man gegen scheinbar unausweichliche Lebenskonzepte stellt.

In manchen Fällen reicht es aber schon aus, sich an die Existenz »schwarzer Schwäne« zu halten. Der Autor Nassim Nicholas Taleb hat in seinem Buch »Der Schwarze Schwan« die Macht höchst unwahrscheinlicher *Ereignisse* genauer betrachtet. Seine These ist, dass unser Leben, unsere Kultur und unsere Umwelt viel mehr von unvorstellbaren und unvorhersagbaren Ereignissen geprägt werden als von planbaren und berechenbaren. Dies gilt für Ereignisse in unserer Lebensplanung, die Bedingungen der Gestaltung der kulturellen Entwicklung, technische Fortschritte, die Börse, die Politik etc. Am vorhersagbarsten sind noch naturwissenschaftliche Ereignisse, doch auch hier bewegt man sich im Bereich von Wahrscheinlichkeiten. Vulkane und Erdbeben lassen sich nicht vorhersagen. Es gibt nur kurzfristige Kurzwarnsysteme. Es ist daher auch unrealistisch, anzunehmen, dass sich unser Leben überschauen lässt. Sicherlich kann ein Beamter sagen, wie viel er in dreißig Jahren verdienen wird, wenn er einen bestimmten Dienstgrad erreicht hat, doch wie sicher ist er überhaupt, dass er den Job ein Leben lang macht?

Können Sie sich nicht vorstellen, ein anderes Leben zu führen?

Ein Freund, der unbedingt Journalist werden wollte, sagte mir einmal, dass seine Bewerbungen bei bekannten Zeitungen oder beim Fernsehen sinnlos seien. Die großen Zeitungen und Medienanstalten stellen nur Leute mit erstklassigen Beziehungen ein. Da komme man nur rein, wenn der Vater im Bundestag sitzt oder selbst ein bekannter Journalist war. Kurz: Die Aussichten, jemals als Journalist für den Spiegel oder für das ZDF arbeiten zu können, waren illusorisch. Mein Freund war überzeugt, dass seine Bewerbungen sinnlos wären. Er schrieb drei Bewerbungen, und alle wurden abgelehnt. »Ich wusste es ja ...« Ja, so hört sich das Glaubensbekenntnis an, dass es nur »weiße Schwäne« gibt.

Nach drei Bewerbungen hatte er seine Ambitionen als Journalist aufgegeben. Er erinnerte sich erst wieder daran, als sein Neffe ein Volontariat bei einer großen Zeitung machen konnte. Sein Neffe wurde Journalist. Es war kein einfacher Weg, und es kostete ihn mehr als drei Bewerbungen. Aber sein Erfolgskonzept war kein Zufall. Der Neffe hatte an die Existenz eines »schwarzen Schwans« geglaubt. Dies war eine offene Tür.

Wer Probleme damit hat, an Möglichkeiten und Chancen zu glauben, ist gut beraten, sich die Existenz der »schwarzen Schwäne« vor Augen zu halten. Ja, die Wahrscheinlichkeit »schwarzer Schwäne« ist statistisch gering, aber es sind auch nicht die statistisch relevanten Ereignisse, die das Weltgeschehen prägen und auch nicht Ihr Leben.

Geben Sie acht, wenn Sie vor Ihren Entscheidungen anfangen, Wahrscheinlichkeiten des Erfolgs zu berechnen. Oft kommen dabei nur Statistiken heraus, die Ihre vorgefertigten Meinungen und Glaubenssätze bestätigen. Betrachtet man zum Beispiel die Wahrscheinlichkeit, dass ein unbekannter Autor bei einem großen Publikumsverlag veröffentlicht wird, so kommt man auf eine Wahrscheinlichkeit von 0,000025 %. Das heißt ungefähr, ein Manuskript von vierzigtausend unaufgeforderten Manuskripten wird von einem größeren Publikumsverlag veröffentlicht. Nicht gerade motivierend, wenn man sich an diese Statistiken hält.

Die Anzahl der veröffentlichten Bücher von Erstlingen unbekannter Autoren ist im Vergleich zu den eingesandten Manuskripten insgesamt verschwindend gering. Ginge ein junger Autor daher von dieser Wahrscheinlichkeit aus, würde er niemals mit dem Gedanken spielen, eine Schriftstellerkarriere zu wagen oder einfach darauf zu hoffen, dass sein Werk von einem anerkannten Publikumsverlag verlegt wird. Das Problem ist, dass diese Wahrscheinlichkeiten wie alle Statistiken abstrakt sind. Sie spiegeln nicht die Wirklichkeit wider. In der Wirklichkeit gibt es weitaus mehr schwarze Schwäne, als man glaubt. Dass diese nicht die Masse ausmachen, liegt daran, dass diese Ausnahmen oft das Ergebnis etlicher Umwege und Beharrlichkeit waren. Statistiken berücksichtigen nicht, ob zum Beispiel ein Autor sich mit dem Genre vertraut gemacht hat, in dem er schreiben will. Hat er einen Agenten, der ihn berät, und weiß er, welche Art Literatur zurzeit von den Verlagen gefragt wird? Weiß er, wie man spannend erzählt? Kennt er sein Handwerk als Schriftsteller? Ein passionierter Leser ist noch kein Schriftsteller. Ein Literaturkritiker ist häufig kein guter Autor. Lesen befähigt nicht zum Schreiben. Wer sich enger mit dem Schreiben und vor allem dem professionellen Schreiben befasst, der erhöht auch ungemein seine Wahrscheinlichkeit, publiziert zu werden und damit auch, statistisch gesehen, zu einem schwarzen Schwan zu werden.

5. Scheitern als Lifestyle

Die Kultur des Scheiterns:
Von Beckett zu Kazantzakis

Eine Jungunternehmerin erzählte auf einer Party, wie ihr Unternehmen in die Insolvenz ging. Sie wirkte dabei frisch und voller Zuversicht. Sie kam aus Chicago, Illinois, und lebte seit sieben Jahren in Deutschland.

»Wie wirst du damit fertig?«, fragte sie eine Frau, Anfang dreißig, die gerade ihr Psychologiestudium beendet hatte. Die Psychologin witterte mit ihrem Glas Prosecco in der Hand eine geknickte Persönlichkeit, deren Lebenswerk in Scherben gefallen war. Doch sie täuschte sich. Die Jungunternehmerin war nicht frustriert, sondern in Gedanken schon bei ihrem nächsten Projekt.

Scheitern ist eben nicht Scheitern. In Deutschland scheitert man anders als in der amerikanischen Kultur.

»Pleite ist Pleite, und ein Berg Schulden lässt sich nicht wegreden.« So hört sich die deutsche Bestandsaufnahme eines gescheiterten Projektes an. Etwas ist kaputt, und jemand muss dafür die Schuld übernehmen. Anstatt einer Kultur des Scheiterns gibt es in Deutschland eine Kultur der Schuld. Wenn etwas schiefgeht, dann versucht man nicht, aus den Fehlern zu lernen, sondern man hält Ausschau nach einem Schuldigen. Dieser Reflex erklärt sich aus der Art und Weise, wie Scheitern gesellschaftlich gedeutet wird. Ein Unternehmer, der Insolvenz anmeldet, hat mit der Schande eines Verlierers zu kämpfen. Böse Kritiker attestieren ihm sogar, dass sie es ja schon immer gewusst hätten, dass sein Projekt zum Scheitern verurteilt war und dass er sich völlig übernommen habe. Die Banken misstrauen ihm, Freunde wenden sich von ihm ab, als wäre er ein Aussätziger, der Lebenspartner geht, weil er oder sie nicht mit einem Verlierer leben will, das Selbstbild verdunkelt sich, bis man endlich seinen Übermut eingesteht.

Scheitern hat in der deutschen Kultur nichts Positives. Man spricht nicht von Fehlern. Ein Unternehmer erwähnt seine Leistungen und sein Geschick, wie er zu Erfolg gekommen ist. Über die Fehler, die er gemacht hat, spricht er nicht. Dabei sind es genau diese unvorhersehbaren Brüche, die Flops, Ladenhüter und verpassten Chancen, auf denen jeder Erfolg sich aufbaut. Scheitert man, so ist der deutsche Reflex, sich

nach dem anderen umzudrehen, der dafür verantwortlich sein könnte.

Wäre jener oder jene nicht gewesen, dann wäre alles
gut gelaufen.

Eine Selbstbetrachtung bleibt aus. Eigene Fehler
werden ausgeblendet, anstatt aus ihnen zu lernen.

Dieser Kultur der Schuld steht die Kultur des Scheiterns gegenüber. Man kann es dem amerikanischen
Pioniergeist zuschreiben, der das Individuum stärker fordert, sich über seine eigene Fehler zu perfektionieren. Entscheidend ist jedoch, dass der Reflex auf
Scheitern in der amerikanischen Kultur anders ist:
Wer scheitert, hat etwas gewagt. Wer ein Unternehmen gegründet oder eine sportliche Herausforderung
versucht hat, der erntet in den seltensten Fällen Häme,
sondern eher Anerkennung. Allein wer etwas wagt,
kann es zu etwas bringen.

No pain, no gain.

Ohne Schmerz kein Gewinn. So sucht man in der
amerikanischen Kultur des Scheiterns weniger nach
einem anderen, der schuld sein könnte. Man investiert
stattdessen in seine Fehler. Das junge Schachtalent
und der erfolgreiche Kampfsportler Joshua Waitzkin
sprach in seinem Buch *The Art of Learning* von einer
Einstellung, in seine Fehler zu investieren. Nur wer etwas wagt, kommt voran. Und man kommt nur voran,

wenn man Fehler macht und aus diesen lernt. Erfolg ist ein Ergebnis aus der Art und Weise, wie man aus seinen Fehlern lernt. Wer rigide an seinen Methoden festhält und sich selbst nicht in Frage stellt, wer nicht aus seinen Fehlern lernt, sondern nur Schuldige sucht, der verteidigt bloß ein falsches Bild von sich selbst.

Die Kunst des Scheiterns liegt aber nicht im Fehlermachen, sondern dass man diese Fehler als Teil seines eigenen Weges begreift. Churchill brachte es in seinem vielzitierten Satz zum Ausdruck: *Die Kunst ist, einmal mehr aufzustehen, als man umgeworfen wird.*

Frustrationslogik

Scheitern gehört zum Erfolg. Wer keine Fehler macht und vor allem wer seine eigenen Fehler nicht kennt, weil er sie vor anderen und sich selbst verbirgt, der kommt auch nicht voran. Gesteht man sich selbst keine Fehler zu, dann liegt das meistens daran, dass man nach außen hin als perfekt gelten will. Fehler sind ein Zeichen von Schwäche, von fehlender Intelligenz und von fehlender Selbstdisziplin. Erfolg hat in dieser Perspektive etwas mit dem Vermeiden von Fehlern zu tun. Geschehen sie doch, dann werden sie abgetan als lästiges Übel oder übergangen. Die fehlerlosen Persönlichkeiten geben sich als Perfektionisten aus. Sie liegen im Trend, sind politisch korrekt und halten viel darauf, von anderen als »erfolgreich« wahrgenommen zu werden. Ihr Problem ist jedoch, dass sie in Wirklichkeit in den seltensten Fällen so erfolgreich sind, wie sie vorgeben. Sie sind das Opfer ihres eigenen Selbstbildes, das sie nach außen vermitteln wollen. Da sie nicht in ihre Fehler investieren und auch keinen Wert aus ihnen ziehen, bleibt der Erfolg aus. Was zu der verdrehten Ansicht führt: *Wenn ich erst einmal Erfolg habe, dann kommt der Rest von allein …*

In der merkwürdigen Logik dieser Perfektionisten muss erst der Erfolg her, und dann kommt die eigentliche Arbeit, die nötig ist, um erfolgreich zu sein. Sie investieren nicht in ihr Werk, sondern setzen auf einen Anerkennungsbonus, in dessen Schein ihr Werk erst glänzen kann. Der Grund dieses Denkens ist mangelndes Vertrauen in das, was man selbst schaffen kann und geschaffen hat. Schickt zum Beispiel ein junger Schriftsteller sein Manuskript an einen Verlag und wird abgelehnt, dann gibt es für den Schriftsteller zwei Möglichkeiten: Entweder er resigniert und bedauert, dass ihm niemand eine Chance gibt, oder er betrachtet sein Manuskript als Investition in seine Schriftstellerkarriere. Die Hoffnung, dass ihm jemand eine Chance gibt, beruht auf der Annahme eines *großen Anderen,* der über die Macht verfügt, ihn von heute auf morgen bekannt zu machen – unabhängig von seinem Werk. Die Frustration ist vorprogrammiert, wenn man seine Zukunft von etwas abhängig macht, das man gegenwärtig nicht hat. Die Frustrationslogik funktioniert nach dem Schema: Ich habe diese Eigenschaft nicht und kann deshalb jenes nicht werden. Ich habe keinen bekannten Namen, deshalb werden meine Manuskripte erst gar nicht gelesen. Der Frustrationslogiker verstrickt sich in fixe Vorstellungen, die ihm die Zukunft als unüberwindbare Wand erscheinen lassen.

Wie vermeidet man diese Frustrationslogik? Es ist ganz einfach. Wählen Sie aus, ob Sie jemand sind, der etwas hat und kann, oder ob Sie jemand sind, dem immer etwas fehlt.

Setzen Sie auf Ihre Fähigkeiten und investieren Sie in Ihre Fehler. Sei es nun ein verlorenes Match im Sport, ein abgelehntes Manuskript, eine schlechte Note oder die Pleite Ihres Unternehmens. Aus den Fehlern wachsen Ihre Fähigkeiten. Fähigkeiten hat man nicht, man eignet sie sich an.

* * *

Die meisten Menschen glauben, sie bräuchten einen genauen Plan, bevor sie mit etwas beginnen. Einen Plan erstellen ist an sich nichts Falsches. Doch was verstehen die meisten unter einem Plan? Grob gesagt, ist es die Skizze, wie man eine Idee umsetzen möchte. Der Plan zeichnet daher grob, wie das Projekt in seinem Endstadium sein soll. Die meisten Menschen, die von planerischer Umsetzung wenig Ahnung haben, verzetteln sich von Anfang an in Details.

Wenn Sie ein Ziel vor Augen haben, dann verknüpfen Sie dies nicht mit einer fixen Vorstellung, wie dieses zu erreichen ist. In den seltensten Fällen entspricht das erreichte Ziel dem Plan vor Beginn des Projektes. Dies heißt nicht, dass es sinnlos ist, einen Plan zu machen. Besonders bei Großprojekten ist dies notwendig. Seien Sie jedoch auch bereit, den Plan zu ändern. Planen Sie von Anfang an einen Gestaltungsspielraum in Ihre Planphase mit ein. Fassen Sie Ihren Zeitrahmen möglichst weit, und setzen Sie Budgets nicht zu niedrig an. Ein zu enger Zeit- und Budgetrahmen blockiert die Gestaltungsmöglichkeit Ihres Planes. Drängen sich dann doch Veränderungen auf, können diese nicht in das Gesamtprojekt mit eingebunden werden. Dies kann das ganze Projekt gefährden.

Verlieren Sie sich nicht von Anfang an in Details. Setzen Sie die wichtigsten Eckpunkte, die die ungefähre Stoßrichtung Ihres Projektes vorgeben. Die Details und Einzelprobleme kommen von selbst während der Ausführung. Die Konzentration auf Details verbaut in der Anfangsphase den Blick auf das Ganze. In vielen Fällen scheitern Projekte nicht an fehlender Planung oder zu schlechter Planung, sondern daran, dass die Planung in Detailfragen steckenbleibt mit dem Ergebnis, dass das Projekt in einer Schublade verschwindet.

Bei Großprojekten spricht man deshalb von unterschiedlichen Planungsphasen. Am Anfang steht ein grober Plan. Dieser Plan gliedert sich in weitere Detailpläne. Die feineren Detailpläne fügen sich zeitlich später in den Gesamtplan. Die Kunst eines gelungenen Plans liegt nun nicht in der exakten Aufstellung eines Plans, sondern in der Art, wie Veränderungen und unvorhergesehene Ereignisse in das Gesamtprojekt eingegliedert werden. Dabei gilt die Regel: Je weiter die Umsetzung des Planes vorangeschritten ist, desto schwieriger wird die Änderung der groben Zielrichtung. Details kann man in der Mittel- oder Endphase entscheiden. Die grobe Struktur ist jedoch am Ende kaum mehr bzw. nur mit erheblichem Aufwand zu ändern.

Wer einen Roman schreiben will, setzt sich nicht einfach hin und schreibt drauflos. Je komplexer und länger die Geschichte sein soll, desto besser muss sie strukturiert werden. Nur sollte man eben bei der Grobplanung beginnen und nicht beim Detail. Es gibt sicher Autoren, die beginnen mit der Farbe des Koffers einen Roman, doch ist dies nicht die innere Mechanik des Romans. Der Autor sollte zunächst wissen, in welchem Genre er schreibt. Krimi, Liebesroman,

Thriller, Science Fiction oder Fantasy. Der Aufbau ist unterschiedlich. Deshalb sollte sich der Autor vor dem Schreiben des Manuskripts klar sein, wie sein Stoff angelegt ist. Dies nachträglich zu ändern ist nahezu unmöglich. Es führt lediglich dazu, dass der Autor noch einmal von vorn anfängt.

Scheitern mit Godot

Nur wer Fehler begeht, verbessert sich, und nur wer zu verlieren weiß, der kann gewinnen.

Die Schwierigkeit mit Fehlern ist, dass keiner sie begehen will. Manche Menschen haben solch eine Panik davor, dass sie es bevorzugen, gar nichts zu tun, als es zu riskieren, einen Fehler zu begehen. Joshua Waitzkin schreibt in seinem Buch *The Art of Learning,* dass vor allem Schachanfänger zusammenbrechen, wenn ihnen der erste Fehler unterläuft. Sie verlieren ihr Selbstvertrauen und dann die Kontrolle über ihr Spiel. Der Fortgeschrittene weiß jedoch, dass mit einem Fehler nicht zwangsläufig alles verloren ist. Er lässt sich auf die neue Situation ein. Verliert er die Partie, zermürbt er sich nicht in Selbstzweifeln. Der Fehler oder der Verlust einer Partie ist ein Teil des Lernprozesses. Der erfahrene Spieler hat keine Angst vor Fehlern, sie sind Etappen in seiner Entwicklung als Spieler und als Mensch. Man lernt sich selbst am besten kennen, wenn man plötzlich vor unerwarteten Hindernissen steht. Es ist auch nicht das Ziel Fortgeschrittener, die Fehlerquote auf null zu senken. Fehler passieren, immer wieder. Und je erfahrener jemand ist, desto besser baut er Fehler in seine Gesamtstrategie ein. Fehler sind die Gelenke, die den Körper in Bewegung halten. Solange man Fehler begeht, lernt man noch hinzu. Wer allerdings glaubt, keine Fehler mehr zu begehen, der ist nicht perfekt, sondern er verzichtet einfach darauf, besser zu werden, und wer nicht mehr besser werden will, der hört auf, gut zu sein.

* * *

In der Philosophie des Scheiterns gibt es zwei Grundtypen. Auf der einen Seite steht Samuel Beckett mit *Warten auf Godot,* auf der anderen Nikos Kazantzakis mit *Alexis Sorbas.*

In Becketts *Godot* stehen zwei Figuren im Mittelpunkt, die ihr Leben scheinbar damit verbringen, auf jemanden zu warten. Dieser Jemand ist Godot, und Godot kommt nicht. Aber genau vom Kommen Godots scheinen alle Entscheidungen der beiden abzuhängen. Jede Idee, irgendetwas an ihrer Situation zu ändern, verwerfen sie, weil sie ja nicht können. Jedes

Mal fällt ihnen ein, dass sie auf Godot warten. Wer aber ist Godot? Wer kann so wichtig sein, dass zwei Menschen ihr Leben mit Warten verbringen? Godot kann alles Mögliche sein. Auf die Frage, ob Godot nicht »Gott« sei, ein Wortspiel zwischen dem englischen »God« und »Godot«, sagte Beckett nur, dass er Godot »Gott« (oder »god«) genannt hätte, wenn er diesen damit gemeint hätte. Godot ist eine Leerstelle, die sich erst durch das Warten der beiden Figuren abzeichnet.

Je nach Mensch und Persönlichkeit kann Godot eine günstige Gelegenheit, eine vorteilhafte Begegnung, ein beruflicher Traum, materielle Unabhängigkeit, die Rente etc. sein. Jeder hat seinen individuellen Godot, doch nicht jeder macht seine Lebensentscheidungen vom Kommen seines Godot abhängig.

Die zwei wartenden Gestalten in Becketts *Godot* scheitern nicht. Sie können gar nicht scheitern, weil sie jede Entscheidung auf unbestimmte Zeit aufschieben, bis eben ihr Godot kommt. Die Zukunft der beiden Wartenden hängt völlig von der Ankunft Godots ab. Das einzige Scheitern, das die beiden teilen, hängt nicht von ihnen ab. Denn wer wartet, der scheitert nicht. Scheitern kann nur derjenige, der etwas tut. Die Wartenden sind Gefangene der Gegenwart, in der sie eine Entscheidung treffen können, um ihre Zukunft selbst in die Hand zu nehmen, es aber nicht tun.

Jeder kann an sich selbst beobachten, wie er unangenehme Entscheidungen vor sich herschiebt und dafür immer gute Gründe findet. Im schlimmsten Fall erstarrt die ganze Lebensplanung eines Menschen, weil dieser darauf wartet, dass sich etwas von allein löst, was nur er selbst lösen kann. Die Wartenden sind ein Typus des ängstlichen Wunschbürgers. Sie träumen von einem anderen Leben, fürchten jedoch jeden Schritt, der sie ihrem Traum näherbringen könnte.

***

Ein Freund, der seit Jahren von einer Musikerkarriere träumt, sagte mir einmal, dass er sich ja ganz auf die Musik konzentrieren würde, wenn er wüsste, dass er auch sicher damit erfolgreich sein würde. Dies ist nichts anderes als ein Godot, der für eine unbekannte Zukunft steht. Die Musikerkarriere soll schon fertig in der Zukunft hergerichtet sein, abholbereit, ohne Risiko. Sie soll einfach nur geschehen. Was ich damals meinem Freund leider vergeblich erklärte, war das Moment der Gestaltung durch sein Tun. Erst indem er aktiv wird, gestaltet sich seine Zukunft. Wenn er schon jetzt eine Sicherheit verlangt, die ihm erst die Zukunft bringen kann, so bedeutet dies lediglich, dass er ein Paradox erschafft, das ihn in seinen Entscheidungen lähmt. Obwohl mein Freund viel Talent und auch die Disziplin zu einem Berufsmusiker hatte, hat er seinen Traum ins Regal gestellt, wo er bis heute ein verstaubtes Dasein fristet.

Er leitete bis vor kurzem eine Filiale einer größeren Handelskette. Ein Job, wie er sagt, den er an den Nagel hängt, wenn er erst genügend *Fuck Off Money* zusammen hat. Ich fragte ihn, wann er denn seinen Ausstieg finanziert hätte und wie viel er monatlich in sein *Fuck Off Money* investierte, doch er winkte nur ab. Zurzeit sei nicht daran zu denken, die Raten für sein Haus seien zu hoch, und außerdem brauche er ein neues Auto.

Der Fall meines Freundes endete leider tragisch. Er gehörte zu der Sorte von Menschen, die man um ihren Lebensstil beneidet.

Er hat doch alles, was man braucht, um glücklich zu sein.

Damit meinten die meisten seiner Freunde das große Eckreihenhaus mit Garten und Waldblick, den großen Geländewagen in seiner Einfahrt, den Zweitwagen seiner Frau in der Garage, zwei gesunde Kinder und natürlich seine Frau, um die ihn viele beneidet hatten. Nur warum hat sich mein Freund Ende letzten Jahres vor den Zug geworfen? Er hatte Alkohol im Blut, hieß es. Einen Abschiedsbrief hatte er nicht hinterlassen. Es war nicht die Art meines Freundes, lange Erklärungen abzugeben, die nur mehr Verwirrung hinterlassen. Auf seiner Beerdigung waren seine Freunde fassungslos. Pausenlos fragten sie sich gegenseitig, wie ein glücklicher Familienvater und Ehemann, erfolgreich im Beruf (eine Beförderung stand an), sich einfach so mir nichts, dir nichts das Leben nehmen konnte. Nur seine Frau schwieg. Später, nach dem ganzen Trubel der Beerdigung, sagte sie mir: »Er hat dieses Leben nie gewollt.« Der Selbstmord meines Freundes war sicherlich keine Aktion, die ihm plötzlich in den Sinn gekommen war. Das Wort *Depression* hatte seine Frau nur beiläufig erwähnt. Die Psychologie spendet hier zwar keinen Trost, dafür aber artige Erklärungen. »Er war depressiv, also krank, und das schon seit langem …«

Doch was wäre, wenn meinem Freund mit einem Mal bewusst geworden ist, dass Godot nie kommen werde. Hatte sich sein Leben in einem Zustand des Glücks festgefahren, den er nicht mehr ertrug? Nun kann man über die Hypothese spekulieren, ob er sich nicht auch getötet hätte, wenn er schon vor Jahren Musiker geworden wäre anstatt Filialleiter. Ich bin fest davon überzeugt, dass sein Leben anders ausgesehen hätte. Er wäre kein Filialleiter und hätte vielleicht auch keine Familie, und statt seines teuren Gelände-

wagens stünde wahrscheinlich ein alter Ford vor seiner Tür. Das Gefühl, wenn die Lebensmöglichkeiten
zusammenschrumpfen wie eine Wand, die spitz auf
eine Ecke zuläuft, ergibt sich zwangsläufig mit dem
Alter. Nur manchmal kommt diese Erkenntnis plötzlich, weil man sein gegenwärtiges Leben nie begrif-
fen hatte, wie es wirklich war. Es gibt ja immer noch
andere Möglichkeiten. Die gibt es zwar, nur sind sie
mit steigendem Alter nicht mehr so offensichtlich. In
jungem Alter scheinen alle Türen offen, man kann alles werden, alles hoffen. Die Dinge, die man erreichen
möchte, scheinen alle gleich weit entfernt zu sein.
Dann ergreift man einen Beruf oder studiert. Man
trifft Entscheidungen und schließt andere aus. Der
eine ist Sozialpädagoge geworden, der andere Medi-
ziner und der andere Filialleiter. Stellt man mit vierzig
nun fest, dass man in seinem Beruf nicht mehr glücklich ist, dass der tägliche Gang zur Arbeit ein Tottre-
ten von Lebenszeit ist, dann könnte eine Veränderung
helfen. Nur mit vierzig? Ein anderes Studium beginnen? Wovon soll man leben? Der derzeitige Job ist
zwar eine Qual, aber er ist auch gleichzeitig der Garant für all die Annehmlichkeiten, die man hat. Darüber hinaus kommen noch die finanziellen Verpflich-
tungen: Was sollen meine Kinder anziehen? Wie soll
man seiner Frau erklären, dass man sich die Wohn-

167

gegend nicht mehr leisten kann? Und auch der Ski-urlaub in der Schweiz würde flachfallen, und dies nur, weil man sich nicht mehr in seinem Job wohl fühlt und sich völlig neu umorientieren will.

Der Unterschied zwischen zwanzig und vierzig ist, dass man mit fortschreitendem Alter mehr Dinge hat, auf die man ungern verzichtet, und dass radikale Ver-änderungen schwieriger sind. Was in jungen Jahren noch eine Auswahl unter verschiedenen Möglichkei-ten ist, ist Jahre später ein Weg, für den es nicht reicht, sich einfach nur für ihn zu entscheiden. Der verhei-ratete Filialleiter mit zwei Kindern kann sich nicht einfach einen anderen Lebenslauf erfinden und nun Musiker sein. Entscheidet er sich dafür, hat dies auch Auswirkungen auf sein bisheriges Leben. Früher ent-schied nur er allein, was er in Zukunft machen wollte. Jetzt ist er für eine Familie verantwortlich, und wenn sich etwas ändern soll, dann muss er sie miteinbezie-hen.

Was war also an jenem Tag im Dezember im Kopf meines Freundes vorgegangen? Sah er keinen Ausweg aus seinem jetzigen Leben, außer sich vor den Zug zu werfen? War es nicht so, dass auf der einen Seite sein Leben wie in Blei gegossen schien und auf der ande-ren Seite sein Traum, Musiker zu werden, sich bei-nahe aufgelöst hatte? War er sich plötzlich bewusst geworden, dass er seinen Traum nie mehr verwirk-lichen konnte, weil er an sein Leben gekettet war? Was war so unerträglich daran, auf einen Traum zu verzichten? Oder war es die Gewissheit, dass er seine Tage bis zur Rente als Filialleiter verbringen würde, dass sein Leben sich von nun an abspulte und er nur noch zu funktionieren hatte. Dafür gab es lauwarme Entschädigungen. Skiurlaub in der Schweiz, alle zwei Jahre einen neuen Wagen, ein Haus mit Garten, ein Abo im regionalen Golfclub ... und das Schulterklop-fen seiner Freunde: Für sie hatte er es geschafft.

Er hat dieses Leben nie gewollt, sagte seine Frau nach der Beerdigung. Darin schwingt die radikale These, dass es auch nicht zu ändern war. Und viel-leicht war es genau diese Aussichtslosigkeit, dass alle Würfel gefallen waren. Die genauen Motive und Hin-tergründe seines Selbstmordes werden wir wohl nie erfahren. Nur eines kann man festhalten: Sein Den-ken hatte sich festgefahren. In welche Richtung er sich auch drehte, er sah nur noch Mauern. Es wäre zu einfach, wenn man diese innere Haltung mit psy-chischen Krankheiten erklärt, so als könnte man sie dadurch schon unschädlich machen. Die kurzfristige Lösung mit Psychopharmaka löst die Denkblockade nicht. Die Mauern sind da, nur hat man künstlichen Nebel davorgelegt. Auch wäre es zu einfach, zu sagen:

»Ändere dein Leben!« Das Gefühl, dass der Weg nach allen Seiten verbaut ist und der letzte Zug abgefahren ist, lässt sich nicht einfach wegreden. Doch eines muss einem in einer scheinbar ausweglosen Situation klar sein: Es ist immer möglich, den Betrachtungswinkel zu ändern.

Hatte mein Freund ernsthaft über berufliche Veränderungen nachgedacht? Hatte er mit seiner Frau darüber gesprochen? Hatte er über Pläne nachgedacht, mit seiner Familie neue Wege einzuschlagen? Hatte er auch über die Möglichkeit nachgedacht, ohne seine Familie zu leben? Für viele Menschen ist es vermessen, über die Gründe eines Selbstmordes zu räsonieren. Ihnen scheinen die Gründe, die einen Menschen zu solch einem Schritt treiben, unvorstellbar schwerwiegend zu sein. Doch wie viel braucht es, um einen Menschen im Innersten zu erschüttern? Für den einen ist es der Tod eines lieben Menschen, Scheidung, Kündigung, Einsamkeit, Gewalt. Die Frage ist nicht, wie man dies alles vermeiden kann, sondern wie man jemand wird, der sich in schwierigen Situationen zurechtfindet. Und wer sich in seinem täglichen Leben gefangen fühlt, der befindet sich in einer schwierigen Situation. Das Gefühl, ein *Gefangener* seines Lebens zu sein, kommt aber meist nicht von äußeren Zwängen, sondern von einer inneren Haltung (wie übertriebenes Pflichtgefühl, starre Ideen von Glück, die, nachdem sie erreicht sind, wie Seifenblasen zerplatzen).

Es gibt sicherlich kein Allheilmittel, um Menschen davon abzuhalten, Selbstmord zu begehen, aber es gibt eine Denkhaltung, bei der die Selbsttötung keine Möglichkeit ist, sondern das Ende jeder Möglichkeit.

Für die Zurückgebliebenen war der Selbstmord meines Freundes etwas, was sie nicht verstanden haben. Sie waren nicht in seiner Welt gefangen. Für sie war er über eine Klippe in die Tiefe gestürzt, nicht, weil er es wollte, sondern weil er den Abgrund nicht sah. Der Zuschauer bei Becketts *Godot* würde auch am liebsten den beiden Wartenden zurufen:

»Ihr braucht nur aufhören zu warten ... Dann wird alles gut. Godot kommt nicht mehr, und auch wenn schon, so wichtig kann er doch gar nicht sein.«

Doch was weiß der Zuschauer schon von Godot? Der fatale Irrtum, den der Zuschauer begeht, wenn er sich fragt, warum die beiden nicht endlich ihr Warten abbrechen, ist seine scheinbare Überlegenheit, zu wissen, was die beiden falsch machen. Das ist so, als blicke man von einem Flugzeug auf eine friedliche Landschaft, die sich nur in Formen erstreckt. Man sieht nicht die Menschen, die nichts zu essen haben, oder ein Dorf, das durch marodierende Banden ausgelöscht wird, oder die Sorge einer Mutter, die keine Medizin für ihre Kinder hat. Das Wissen, das der Zuschauer oder der Dritte hat, ist kein zusätzliches Wissen, sondern ein Mangel an Wissen. Deshalb glaubt er, dass den beiden in Becketts Stück schnell geholfen wäre, wenn sie ihr Warten beendeten. Der Zuschauer identifiziert sich automatisch mit den beiden Hauptfiguren, die auf Godot warten. Er fragt sich, warum die beiden warten (genauso wie die Hinterbliebenen meines Freundes sich fragten, warum ein Mann im besten Alter sich vor den Zug wirft), und übersieht dabei, dass es noch eine Figur im Stück gibt, mit der er sich identifizieren kann. Das ist natürlich Godot selbst. Man kann sich über Sinn und Unsinn des Wartens auf Godot austauschen und warum die beiden jede Entscheidung vom Kommen oder Fernbleiben Godots abhängig machen, oder man sieht sich selbst als Godot.

Sofort wird klar, dass er der eigentliche Drehpunkt der Geschichte ist. Bisher war es ein Jemand, auf den man wartet. Doch nun sieht man Godot als denjenigen, der entscheidet, ob er kommt oder nicht. Es tun sich zwei Perspektiven auf. Einmal ist da die Sicht der Wartenden, der Passiven, die alles hinnehmen und nichts tun können, und da ist die Sicht des Handlungsträgers, Godots, der kommt oder nicht kommt.

Die Frage ist also nicht, was die beiden Wartenden tun können, sondern mit wem man sich identifiziert. Mit den Wartenden, die alles erdulden, oder mit Godot, der andere warten lässt. Wer wollen Sie sein: jemand, der die Grenzen seines Lebens nur kennt und sie hinnimmt, oder jemand, der selbst zur Grenze wird?

Griechisch scheitern mit Sorbas

In *Warten auf Godot* scheitert niemand.

Die Wartenden kommen gar nicht in die Verlegenheit zu scheitern. Doch wie lange hält man eine Situation aus, in der es weder Scheitern noch Erfolg gibt? Die Unerträglichkeit dieses Zustands kommt nun weniger von der Angst zu scheitern oder davon, dass man sich den Erfolg nicht vorstellen kann, sondern von einem Leben, aus dem jede Entscheidung verbannt wird. Entscheidungstheoretiker könnten einwerfen, dass ja auch die Nichtentscheidung schon eine Entscheidung sei. Doch wer sich entscheidet, nichts zu tun, will eben noch nicht nichts. Wer nichts will, der hat noch selbst entschieden, dass er dieses oder jenes nicht will. Er findet im Nichts einen Überschuss an Genuss.

Wer nichts will, der überlässt anderen die Entscheidung. Diese Entscheidung ist dann keine mehr. Die beiden Wartenden in *Godot* erneuern in einem Passivitätsritual, dass sie ja nichts anderes können, als zu warten. Sie warten darauf, dass ihr Leben auf irgendeine Weise zu ihnen zurückkommt. Doch der Einzige, der ihnen ihr Leben wieder geben kann, ist Godot, und der kommt eben nicht.

* * *

Alexis Sorbas wartet nicht. Er handelt, und was ihm das Leben auch bringt – er sieht es als Teil seines Lebens an. Nikos Kazantzakis hat in seinem Roman mit Alexis Sorbas einen Mann beschrieben, den er wahrscheinlich in Wirklichkeit am Anfang des Ersten Weltkrieges in Griechenland kennengelernt hatte. Der Ich-Erzähler ist ein intellektueller und kopflastiger Mensch. Sorbas dagegen ist aus rohem Holz geschnitzt, mit der Erde verwurzelt. Sorbas kennt keine Bücher. Seine Welt ist nicht aus Tinte und Buchstaben. Während der intellektuelle Erzähler von Selbstzweifeln geplagt wird, steht Sorbas dem Leben ohne Erwartung gegenüber: *Lebe jeden Tag so, als wäre es dein letzter.*

Der Augenblick ist wichtiger als jeder Plan. Was einem auch im Leben widerfahren ist, man kann es nicht ändern – warum es nicht einfach annehmen, so wie man die Jahreszeiten hinnimmt?

Kazantzakis war fasziniert von dem ungebildeten

Sorbas, der sich nicht für Literatur und Philosophie interessierte. Sorbas tanzte, wie andere philosophieren. Er machte Musik, wie andere Texte verfassten. Er besaß eine Weisheit, die aus der Kraft des Augenblicks kam.

Der Roman läuft auf einen grandiosen Moment des Scheiterns hin. Als am Ende ihr gemeinsames Bauprojekt, eine Drahtseilbahn, vor ihren Augen zusammenbricht, stehen beide vor ihrem Ruin und tanzen. Sorbas blickt zu dem Trümmerhaufen ihres Projektes. »Hast du gesehen, wie das Ding zusammengekracht ist?« Sorbas beginnt zu lachen, und bald lachen beide.

Was ist so lustig daran, dass ihr Projekt gescheitert ist? Die ganze Arbeit umsonst, das investierte Kapital hat sich zu Staub verwandelt. Und dennoch gibt es etwas zu lachen. Sorbas sieht in dem Trümmerhaufen ein grandioses Scheitern, denn wie groß ihre Enttäuschung auch sein mochte, das Zusammenbrechen der Drahtseilbahn konnte ihnen nicht die Lust am Leben nehmen. Das Scheitern war nur ein Stein von vielen anderen, der ihr Leben und ihre Freundschaft ausmachte. Sie lachten, weil ihnen dies in jenem Augenblick klar wurde. Und in diesem Moment verstand der Ich-Erzähler auch das Tanzen des Sorbas. Es war ein Teil von ihm, Ausdruck seines ganzen Lebens. In der Art, wie Nietzsche schrieb, dass man einen tanzenden Stern in sich trägt.

Wer wie die beiden Figuren in *Warten auf Godot* nur wartet, der verliert vielleicht nie, der sieht nie, dass eine Entscheidung, die er getroffen hatte, falsch war, der steht nie vor einem gescheiterten Projekt. Vor allem aber hat er niemals den Genuss, sein eigenes Scheitern zu erleben.

Scheitern kann grandios sein, wenn man es als Teil eines noch größeren Projektes ansieht. Es ist eben nur ein Stein, den man wie jeden Stein bearbeiten muss. Man scheitert eben niemals zweimal auf dieselbe Art und Weise, sondern man lernt, wenn man in sein Scheitern investiert.

Wer verliert, hat eine starke Motivation: Er will gewinnen. Im Verlieren steckt weitaus mehr Lebenskraft als im Gewinnen. Denn wer gewinnt und vor allem wer nicht gelernt hat zu verlieren, der lebt mit der ständigen Angst, dass er nur verlieren könnte. Weiß man aber, wie man verliert, dann ist der Gewinn nur noch zweitrangig. Was zählt, ist die innere Arbeit an sich selbst, das heißt, weiterzuarbeiten, um sich zu perfektionieren. Ein Bildhauer sagte mir einmal, dass seine Statuen niemals fertig seien. Er höre nur irgendwann einmal auf. Um das aus ihnen rauszuholen, was in ihnen sei, dafür bräuchte er ein ganzes Leben. So gibt es auch keine Statue, die er als perfekt empfindet. Sie sind alle Fragmente. Deshalb macht er weiter, obwohl er weiß, dass die nächste Statue wieder ein Fehlschlag sein wird.

Wer mit Sorbas scheitert und über das Scheitern lachen kann, beginnt sich selbst zu formen. Eine Arbeit, die nie enden wird. Sie hört irgendwann einmal auf, mit dem Tod – das ist alles.

Was es für Kazantzakis bedeutet, in sein Scheitern zu investieren, legt er am Ende seines Romans seinem Helden in den Mund, als dieser sein Projekt in Trümmern liegen sah und alles verloren war.

»Gerade wenn alles schiefläuft, ist es herrlich, die Seele auf die Probe zu stellen, um zu sehen, ob sie etwas aushält und etwas taugt. Man könnte glauben, dass ein unsichtbarer Feind – manche nennen ihn Gott oder Teufel – sich anstrengt, um uns fertigzumachen; aber wir bleiben aufrecht stehen. (...) Schicksalsschläge verwandeln sich in die größte und härteste Glückseligkeit. (...) Ich verstand, wie der Mensch sich gegenüber der übermächtigen und blinden Notwendigkeit zu verhalten und welche Sprache er zu verwenden hatte. (...) So rief auch ich dem unsichtbaren Feind entgegen: ›Du dringst nicht in meine Seele, ich öffne dir nicht meine Tür, du löschst nicht mein Feuer, du wirst mich nicht niederstrecken.‹«[5]

5   Nikos Kazantzakis, Alexis Zorbas, Paris, 2001, S. 327

6. Die Kunst zu schwimmen, ohne nass zu werden

Going with the flow

Was haben Heraklit, Lebenskrise und der Kampfsport Brazilian Jiu-Jitsu gemeinsam?

Heraklit ist seit über 2500 Jahren tot. Heute ist alles komplexer und schwieriger. Der Einzelne kann – selbst wenn er alles dafür tut – zur Bedeutungslosigkeit verdammt sein.

Haben Sie sich schon einmal überlegt, warum man vor wichtigen Entscheidungen, vor allem wenn sie große Veränderungen nach sich ziehen, sehr schnell Ausreden zur Hand hat, lieber doch nichts zu tun? Es scheint ein menschliches Gesetz zu sein, dass die Anzahl der Ausreden immer größer ist als die Gründe, etwas zu tun.

Christina W., eine Frau Mitte vierzig, unverheiratet, ohne Kinder, arbeitet seit neun Jahren bei einem größeren Lebensmittelkonzern. Vor einem Jahr kamen der Zusammenbruch und die Erkenntnis, dass sie ihren Beruf als Marketing-Chefin nie ausüben wollte. Sie sei irgendwie hineingerutscht, ohne es zu wollen.

Bei unserer ersten Sitzung in einem Berliner Café erklärte sie mir, dass sie eigentlich keine Hilfe benötige, aber sie wolle eben nichts falsch machen. Ich kannte sie vom Sport. Beide betreiben wir Brazilian Jiu-Jitsu. Wir redeten über den Sport, über Techniken und Verletzungen, und erst als diese Themen erschöpft waren, kam sie zum eigentlichen Grund unseres Treffens. Sie stecke in einer Berufs- und Lebenskrise. Vor einem Monat sei sie an ihrem Arbeitsplatz zusammengebrochen. Weinkrampf über der Tastatur ihres Computers, nach einem schwierigen Telefongespräch mit einem Kunden. Sie hatte den Eindruck, als wäre ihr Büro mit Aussicht auf den Potsdamer Platz, auf das sie so stolz war, eine Zelle. Von den Designerstühlen und den Farben gehe Gestank aus, ja, irgendwie, sagte sie, habe sich alles gegen sie gewandt. Es schien ihr, als wäre es schon immer so gewesen. Sie habe es eben nur nicht erkannt. Seit einem Monat ist sie krankgeschrieben und bei einem Psychiater in Behandlung, der ihr leichte Antidepressiva verschrieben hatte.

»Bevor ich irgendwelche Pillen schlucke, die weiß Gott was mit meinem Gehirn anstellen, verändere ich lieber etwas in meinem Leben.«

Lebenskrisen sind meist schon lange da, bevor der

Betroffene etwas davon merkt. Sie manifestieren sich aber erst durch ein Ereignis. Ein banaler Telefonanruf, Kritik oder eine plötzliche Veränderung im Privat- oder Berufsleben. Jeder banale Anlass kann vor dem Hintergrund einer Lebenskrise zum exzessiven Ausbruch werden. Bei Christina war es ein Telefonanruf. Sie hatte erfahren, dass eine Stelle als Regionalleiterin, für die ihr Chef sie vorgesehen hatte, nun doch ein anderer Mitarbeiter bekam. Ein jüngerer Mann mit wesentlich weniger Erfahrung, ohne Studium und der – wie sie meinte – nur eine »große Klappe« hatte. Am meisten kränkte sie jedoch die Tatsache, dass sie die Neuigkeit von einem ihrer Kunden erfahren hatte, bevor ihr Chef mit ihr gesprochen hatte. Sie stellte ihren Chef zur Rede, der ihr sagte, dass diese Information noch gar nicht bestätigt sei. Anscheinend hatte ihr jüngerer Kollege die Information bereits verbreitet. Es blieb jedoch dabei. Sie war nicht mehr für die Stelle vorgesehen. An der Entscheidung ihres Chefs konnte sie nichts ändern. Wochen später, nachdem ihr neuer junger Chef sie dann offiziell in sein Büro einbestellt hatte, gab sie sich ganz professionell. Es geht eben nur um das Wohl der Firma. Innerlich kochte sie.

Es stellte sich heraus, dass die Aussicht auf die Stelle des Regionalleiters gar nicht so wichtig war für Christina. Im Gegenteil, sie hätte längere Arbeitszeiten und

Wochenendarbeit in Kauf zu nehmen gehabt. Ihr Privatleben war ihr jedoch wichtig. Ihre derzeitige Stelle war übersichtlich. Sie beherrschte ihren Job, auch wenn er für sie keine Herausforderung mehr darstellte. Dennoch machte ihr die Entscheidung ihres Chefs zu schaffen. Sie war schon immer eine Einzelkämpferin. Sie war die Beste in ihrem Abschlussjahrgang an der Fachhochschule, hatte ein Jahr Auslandserfahrung und mehrere Fortbildungslehrgänge. Jetzt setzte man ihr diesen »Schleimer«, der nur eine große Klappe hatte und »null Berufserfahrung«, vor die Nase. Was hatte sich ihr Chef dabei gedacht? Wollte er sie fertigmachen?

Die Stelle wechseln kam für Christina nicht in Frage. »Es gibt Dinge, die nicht verhandelbar sind«, sagte sie. Dazu zählte vor allem ihr Gehalt. Einen anderen Job zu finden mit einem Einstiegsgehalt, das ihrem jetzigen entsprach, sei unmöglich. Dazu komme natürlich noch ihr Alter. Die Schlussfolgerung Christinas war sehr einfach: Sie hatte kein Problem mit ihrem Beruf, sondern ein Motivationsproblem. Sie wollte nichts ändern, sondern nur eben motiviert das tun, was sie immer tat. Möglich war ihr dies nur noch mit Hilfe von stimmungsaufhellenden Medikamenten.

✳ ✳ ✳

In der militärischen Strategie ist es entscheidend, sich dem Gelände anzupassen. Christinas Strategie ist genau umgekehrt. Sie passt sich nicht dem Gelände an, sondern setzt alles daran, das Gelände ihrer Strategie anzupassen. Als das Gelände sich nicht bewegte (wie die Entscheidung ihres Chefs außerhalb ihres Einflussbereichs liegt), suchte sie die Hilfe ihres Psychiaters. Dessen Lösungsstrategie war: Wenn man sich dem Gelände nicht anpassen kann, dann nimmt man Medikamente, die das Gehirn dazu bringen, ein für die eigene Strategie brauchbares Gelände herzustellen. Letzter Anlaufpunkt, sie bei dieser Strategie zu unterstützen, war dann ich.

Christina war im Teufelskreis ihrer Frustrationslogik gefangen. Sie hatte eine feste Vorstellung von dem, was sich in ihrem Leben ändern durfte und was nicht. Alles wäre ja gut, wenn nur etwas in ihr nicht wäre, das sich nicht in das perfekte Bild einfügen ließ: Der Ursprung ihres Motivationsproblems war sie selbst.

Christina erkannte, dass ihr Motivationsproblem eigentlich mit ihrem Job in Verbindung stand. Sie meinte: *Ich versuche seit Jahren, schwimmen zu lernen, ohne nass zu werden.*

Anfangs war es nur ein Job, den sie eine Weile machen wollte, dann wollte sie nach Venezuela, vielleicht um dort zu arbeiten. Reisen war ihr wichtig. Nicht nur für vier Wochen in den Urlaub fahren, in einem Luxushotel absteigen, Fotos machen und dann wieder Rückflug. Das war nur verlängertes Fernsehen. Sie hatte den Job schon zu lange gemacht, das wusste sie. Doch über die Jahre war er zu einem alternativlosen Teil ihres Lebens geworden.

Alles fließt, auch das Alternativlose. Wenn jemand sagt, dass es keine Alternativen gibt, dann ist dies ein Indiz für eine Haltung, die sich an einer festen Idee orientiert. Solange die gelebte Wirklichkeit sich in diesen Rahmen fügt, so lange ist alles in Ordnung. Je rigider die Vorstellungen sind und je mehr Wirklichkeit von ihnen umschlossen wird, desto früher stößt etwas durch die dünne Haut der idealen Welt. Es ist dann Zeit, sich an das Gelände anzupassen oder richtig schwimmen zu lernen.

Es war Zeit, nass zu werden.

Christina hatte den ersten Schritt gemacht, als sie feststellte, dass sie schwimmen lernen wollte, ohne nass zu werden. Sie wollte sich in ihrem Job ein Leben einrichten, das ihr nicht lag. Sie war in ihren Job hineingewachsen, ohne sich jemals richtig dafür entschieden zu haben. Festhalten um jeden Preis erfordert mehr Kraft als die Veränderung.

Wie kam Christina von ihren fixen Vorstellun-

gen los? Alternativen fallen einem nicht zu. Christina nahm den Vorschlag auf, sich ihr Denken als Spaziergang vorzustellen, einen Spaziergang, bei dem sie
nicht stehenbleiben durfte. So bewegte sie sich zwischen ihrem Beruf, ihren Ansprüchen und ihrem Chef
hin und her. Nach einer Weile sah sie sich, wie sie spazieren ging, teilweise im Kreis, teilweise ziellos um-
herirrend. Sie sah sich selbst aus der Sicht ihres Chefs,
dann aus der Sicht ihrer Kunden und ihrer Freunde.
An einer Stelle begegnete ihr der junge Mann, der »ihren« Job bekommen hatte. Sie sah ihn sympathischer,
aber verbraucht, so als hätte er die Stelle als Regional-
leiter schon jahrelang gemacht. Sie sah ihn nicht mehr
als »Schleimer« und unqualifizierten Idioten. Durch
den Perspektivenwechsel sah sie, dass die negativen
Eigenschaften, die sie dem jungen Mann zusprach, genau die Dinge in ihrem Job waren, die sie nicht mochte. Der Umgang mit Kunden, obwohl sie beliebt war,
hatte sie stets Überwindung gekostet. Sie mochte keine Verkaufsgespräche und auch nicht diesen Zwang,
immer gut drauf zu sein. Der junge Mann, der die Stelle bekommen hatte, vereinte auf merkwürdige Weise
all die Eigenschaften an ihrem Beruf, die sie jahrelang
überspielt hatte. Nur so konnte sie sich ihre Verachtung gegen den Konkurrenten erklären. An ihm erkannte sie, wie sie sich gab, wenn sie gut in ihrem Job

sein wollte. Vielleicht dachten ihre Kunden das Gleiche von ihr, was sie von ihrem Konkurrenten dachte. War sie ebenso ein »Schleimer« mit »einer großen Klappe«? Christina drehte noch einmal die Perspektive. Sie sah sich mit den Augen ihres Chefs, der ja in seiner Personalentscheidung auch Gründe gehabt haben musste, dass er in Kauf nahm, seine langjährige Mitarbeiterin so vor den Kopf zu stoßen.

»Mit einer großen Klappe kommt man heute weiter«, erklärte sie. Niemand wolle mehr Qualität, und erst recht wolle man keine Einzelkämpfer mehr. Sie gehörte noch zu dem Schlag, sich mit Leib und Seele in ein Projekt zu stürzen und auch wirklich das Beste für einen Kunden herauszuholen. Ihr männlicher Konkurrent war zwar fachlich nicht so erfahren, aber er hatte schon für eine kurze Zeit eine IT-Firma geleitet, die innerhalb kurzer Zeit extrem erfolgreich wurde, und dies, obwohl er kein Informatiker war oder sich besonders in der Materie auskannte. Er war ein Networker. Jemand, der mit jedem gut konnte und überall gleichzeitig war und dennoch die Fäden so spinnen konnte, dass am Schluss alle zufrieden waren.

Es ist besser, sich dem Gelände anzupassen als das Gelände den eigenen Vorstellungen.

Warum sollte Christina jetzt ihre gesamte Kraft dafür verwenden, ihren Konkurrenten schlechtzumachen. Auch wenn dieser in ihren Augen nicht für die Stelle geeignet war, das war ihre Meinung. Ihr Chef entschied, und er wollte nicht sie, sondern ihn. Es wäre das Verhalten eines schlechten Verlierers und einer gedemütigten Person, wenn sie nun alles dransetzte, ihren jüngeren Konkurrenten zu diskreditieren. Wenn sie Pech hatte, dann ging der Schuss nach hinten los, und sie hätte dann eine Reihe von Leuten gegen sich aufgebracht, mit denen sie zusammenarbeiten musste. Warum also das ganze Gelände umpflügen, wenn es ausreichte, sich geeigneteres Schuhwerk zu besorgen oder einen neuen Weg durchs Gelände zu suchen? Christina hat beides getan. Neue Schuhe, und sie fand einen neuen Weg, ihren Weg. Einen Weg, der ihr noch klarer wurde, als ihr Trainer im Brazilian Jiu-Jitsu ihr sagte: »Beweg dich mehr. Bewegung ist das Geheimnis des Erfolgs ...«

Eines Tages, nach dem Training auf der Matte fügten sich vereinzelte Splitter bunter Steine zu einem ganzen Mosaik zusammen. Bewegung war überall, wo sie auch hinschaute, und vor allem war es Bewegung, die ihr Leben bestimmte. Im Gegensatz zum Leben konnte man im Denken auf der Stelle verharren. Steht das Leben still, dann ist nur noch Tod. Steht das Denken still, dann befindet man sich in grausam festgezurrten Gewohnheiten, in Überzeugungen und Denkmustern, deren Ursprung man selten kennt, dann ist Veränderung ein Horizont aus Angst, und schließlich erliegt jede Kreativität.

Was dies nun mit dem Kampfsport Brazilian Jiu-Jitsu zu tun hat und warum nun plötzlich in Christinas Leben einiges anders lief, erfahren wir am Ende dieses Kapitels.

Zuerst aber noch die Geschichte von Markus B., der wie Christina Brazilian-Jiu-Jitsu trainierte und wie Christina diesen Sport aus ganz anderen Motivationen begonnen hatte, ohne zu wissen, dass sie einer inneren Bewegung ihres Denkens gefolgt waren.

Kraft durch Denken

Ich weiß, was ich will.

Markus B. hat aufgehört zu zählen. Wie viele Beziehungen waren bereits gescheitert, bevor sie überhaupt begonnen hatten. Markus' Satz klingt wie ein Paradox. Wie kann etwas scheitern, was niemals begonnen hatte?

Er hatte sein Profil auf der Online-Partnerbörse aktualisiert: »Single und suchend«. Vor zwei Wochen stand da noch: »in einer festen Beziehung«. Dies war absoluter Rekord. Sie existierte genau neunzehn Tage, und dies, obwohl die Frau fast perfekt in seine Liste passte: eine junge Frau, in seinem Alter, die Judo machte, Braungurt, keine Kinder vor fünfunddreißig, Reisen, Sushi, körperbewusst, kulturinteressiert ... und dann noch die Liste, was er nicht wollte. In die engere Auswahl kamen vierzehn Frauen. Elf konnte er schon aufgrund des Bildes aussortieren. Dann hatte er noch zwei Frauen. Die eine war jünger als er, machte Karate, Schwarzgurt, und war aktiv bei Attac tätig. Dies roch nach komplizierten Diskussionen. Er entschied sich für Melanie. Braungurt, Judo. Unkompliziert, cool. Bilder im Bikini vom Thailand-Urlaub und ihre ersten Versuche beim Wellenreiten. Das sah alles gut aus. Sie schrieb ihm, dass er ihr Idealmann sei. Sie war seine perfekte Frau. Sie trafen sich einmal, redeten – ganz ungezwungen – über Misserfolge in der Liebe und dass man eben nichts mehr falsch machen will. Das Wort »anspruchsvoll« hatten beide vermieden, aber jeder wusste, dass man etwas zu bieten hatte. Dass er ihren Body super fand, diese Aussage war zu vermeiden. Das war beim ersten Treffen ein Tabu. Er hatte Erfahrung. Er wusste, was sich unter ihrem engen Kleid befand, und sie wusste, dass er durchtrainiert war und keinen Bierbauch hatte. Kinder, natürlich ja, aber nicht jetzt. Heiraten vielleicht, muss aber nicht sein. Die Taktik war, nichts ausschließen, aber auch nicht kategorisch gut finden. Wer ja oder nein sagte, der zeigte Kanten und konnte durchfallen. Das wollte er auf jeden Fall vermeiden. Schließlich hatte er in seinem Suchprofil schon geklärt, was er wollte und was er war.

Die perfekte Frau traf er gleich noch ein zweites Mal. Wieder reden und ein Spaziergang im Zoo. Markus hatte sie eingeladen. Nicht ganz billig, aber das gehörte zu den Investitionen. Geiz kam nicht gut an. Auch im Café kein Trinkgeld zu geben war ein schlechtes Zeichen. Schließlich hatte er in seinem Profil angegeben, dass ihm Geld nichts ausmache. Melanie war perfekt, doch schon am Ende des zweiten Treffens kamen ihm Zweifel. Sie begann von ihren Eltern zu erzählen. Das hörte sich nach schwieriger Psyche an, und er sollte recht behalten. Melanie las Bücher über Psychoanalyse, Romane von Paul Auster und Philip Roth. Nach ihrem dritten Treffen gingen sie Arm in Arm durch den Viktoria-Park. Am Spielplatz schauten sie den Kindern zu. Sie blieb ein wenig zu lange stehen, wie er fand. Wollte sie ihm damit sagen, dass sie doch schon früher Kinder wollte? Hatte sie in ihrem Profil nicht geschrieben: »Kinder ja, nicht aber unbedingt«? Er hatte den Status auf seinem Online-Profil geändert. Er war jetzt in einer festen Beziehung. Allerdings nicht lange. Melanie hatte sich als zu kompliziert herausgestellt. Er hatte schon einmal eine Frau kennengelernt, die ein Fan von Philip Roth war. Sie hatte ihm *Professor der Begierde* geschenkt. So als wollte sie damit sagen: Lies das einfach, dann weißt du, wie ich denke. Er hatte nur die ersten Seiten geschafft. Nicht noch einmal eine Frau, die Philip Roth las.

Bald war er wieder solo.

Verlieben ist heute nicht so einfach wie früher, meinte Markus. Es muss einfach passen. Früher hat man sich halt zusammengerauft, und wenn es dann nicht klappte, dann kam Jahre später die Scheidung. Da hat man allerdings schon wertvolle Jahre verschwendet. »Heute kann man die Liebe nicht mehr dem Zufall überlassen.«

Das Glück hängt von vielen Faktoren ab. Da muss man gut selektieren, bevor man sich entscheidet. Die Planung des eigenen Glücks ist an sich nicht verwerflich. Jeder möchte für sich glücklich sein und macht sich darüber Gedanken, wie er sein Leben gestaltet. Nur lässt sich mit dem eigenen Leben nicht auch noch das Leben anderer berechnen. Dennoch hat Markus genau dies versucht.

Ich weiß, was ich will, sagt Markus von sich selbst. »Warum ist es heute so schwierig, jemanden zu finden, der zu einem passt? Es könnte so einfach sein, wenn die Leute ehrlicher wären ...«

Ich fragte Markus, welches Ziel er über all seine Auswahlkriterien bei seiner Partnersuche stellen würde. Er überlegte nicht lange. »Natürlich zu vermeiden, dass die Beziehung scheitert.«

Für Markus war es ganz normal, dass man Scheitern von vornherein ausschloss. Aus diesem Grund hatte er ein ganz bestimmtes Bild vor Augen, wie die perfekte Frau sein sollte. Schließlich weiß er, was er will.

Seit Markus auf der Suche nach seiner Traumfrau ist, hat sich das Bild von ihr kaum verändert. Es liest sich wie ein Kriterienkatalog für einen Mittelklassewagen mit Sonderausstattung. Markus suchte nach einer Frau, die seinem Idealbild entsprach.

Mehr oder weniger haben wir immer ein Bild von unserem Idealpartner, könnte man denken. Nicht jeder Mensch interessiert uns so sehr, dass wir mit ihm eine Beziehung eingehen möchten. Das gilt ebenso für Freundschaften, Liebesbeziehungen und auch geschäftliche Beziehungen. Das Problem bei der Suche nach seinem *Idealmenschen* ist, dass das bewusste Idealbild, das man sich von dem anderen macht, jede Denkbewegung ausschließt. Man legt selbst fest, wie der andere zu sein hat, was den radikalen Anspruch in sich trägt, dass man eigentlich sein eigenes Ich im anderen zu fixieren sucht. Der andere soll darin nichts anderes sein als ein Alter Ego, das sich von der Vorstellung des eigenen Ichs nicht mehr unterscheidet. Zu einer Begegnung mit dem anderen kommt es nicht mehr. Man lässt ihn gar nicht mehr zu, sondern schließt ihn schon durch die Suche aus. Die Suche des Idealpartners kann mit dem Warten auf Godot verglichen werden. Godot kommt nie.

So viel haben wir als Zuschauer verstanden. Warum sollte man aber einem Menschen begegnen, den das eigene Ich aus sich herausgespiegelt hat? Es ist wie Narziss, der sich in sein eigenes Spiegelbild verliebt hat und schließlich darin ertrinkt, als er versucht, darin einzutauchen. Wer den anderen zu einem Ideal eigenen Begehrens macht, der kann ewig warten, bis er ihn findet. Das eigene Ich kommt einem nie entgegen. Die einzige Erlösung besteht darin, dass man in das Bild des anderen eintaucht – wie Narziss. Das heißt, man zerstört dieses Bild. Erst dann kann es zu einer Begegnung mit dem anderen kommen.

Die Kunst, einen Partner zu finden, liegt darin, dass man ihn findet, ohne ihn zu suchen. Der kreative Künstler Picasso sagte von sich:

»Ich suche nicht – ich finde.«

Picasso hat verstanden, dass das, was man finden will, das ist, was man unbewusst begehrt. Würde man Picasso fragen: Was suchst du?, würde er antworten, dass er keine Vorstellung von dem hat, was er sucht. Das fertige Bild in seiner Vorstellung bei der Suche verhindert das Finden. Picasso verstand, dass unser Begehren und unsere tiefen Wünsche nicht bewusst fassbar sind. Wir können nicht darüber reden, und noch weniger können wir uns ein festes Bild machen.

Der andere und auch der andere, den wir begehren, beide sind außerhalb unserer Vorstellung. Deshalb verfehlen wir mit vorgefertigten Schablonen unsere Absicht, den geeigneten Partner zu finden. Wir verfehlen ihn, wenn wir ihm ein Gesicht geben, noch bevor wir ihm begegnet sind. Es ist daher unumgänglich, sich auf die Begegnung mit dem anderen einzulassen.

Wer wie Markus an seinem Bild festhält und darauf hofft, dass der Ideal-Andere existiert und eines Tages vor ihm steht, der verhindert gerade sein Kommen. Markus' Vorstellung von einem Idealpartner ist ein Zustand eines Glücks, das nur so lange besteht, wie der andere ferngehalten wird. In dieser Haltung ist der andere grundsätzlich zu nah. Die Begegnung mit dem anderen würde das Bild, das Markus von seiner idealen Frau hat, zerstören.

Diese Zerstörung wäre auch nötig, um überhaupt den anderen so zu sehen, wie er wirklich ist – nämlich kein Abbild einer Idealvorstellung. Aber genau diese Zerstörung lässt er nicht zu. Statt sich auf das Unberechenbare in der Begegnung mit dem anderen einzulassen, hält er an seinem Idealbild fest und damit auch an der fixen Idee, dass es irgendwo in dieser Welt eine Frau gibt, die seinem Ideal entspricht und die nur auf ihn wartet.

Wer sich heute die Single-Börsen ansieht, erkennt,

dass es eine regelrechte Schwemme starrer Egos gibt, die sich mit gestylten Profilen und Wunschkategorien von mathematischen Algorithmen Idealpartner vorschlagen lassen. Es scheint, als wäre jeder in seine eigene Ich-Welt eingeschlossen, einer Welt starrer Geisteshaltungen. Jeder von ihnen glaubt, schwimmen zu können, ohne jedoch jemals mit Wasser in Berührung gekommen zu sein. Die klinische Reinheit ihrer Ichs besticht durch überzogene Zurschaustellung ihrer Profile. Jeder zeigt, wer er sein möchte. Plattformen wie Facebook wirken wie ein Parabolspiegel, in dessen Brennpunkt unbewegliche Egos stehen. Es geht so lange gut, wie der Schein aufrechterhalten werden kann, dass das eigene Ego mit seinen Vorstellungen eines idealen anderen, einer angenommenen Wirklichkeit entspricht. Spätestens wenn die erste Enttäuschung kommt, wenn die erste Begegnung das Idealbild des anderen zerbricht, kommt es zu einem Wendepunkt.

Versteht man die Enttäuschung als Ent-täuschung, das heißt, als Aufhebung der Täuschung, gerät das eigene Ich in Bewegung. Große Ideale kommen ins Rutschen, Geschmacks- und Werturteile verlieren ihre Festigkeit. Plötzlich entdeckt man die Schönheit einer Frau, die man seit langem zwar gekannt, aber nie als anziehend empfunden hat. Plötzlich möchte man Kinder haben, weil man mehr in ihnen sieht als nur lärmende Freizeitzerstörer.

Die Wandlung der inneren Haltung kommt allerdings erst, wenn man sich auf die Begegnung mit dem anderen einlässt. Die Begegnung ist das Unberechenbare. Ein Ausflug ohne Plan, ohne Ziel.

*　*　*

Liebe nach Maß kann man ebenso wenig herstellen wie Zufriedenheit im Beruf. Es gibt keine Checkliste, die man durchgeht, um dann das zu finden, was genau für einen richtig ist. Glück lässt sich nicht herstellen und wird auch nicht vorgefunden.

Glück ist kein Zustand, sondern ein ständiger Prozess, mit dem man sein Unglücklichsein verhindert.

Idealvorstellungen und vorgefertigte Meinungen sind künstlich aufgerichtete Grenzen, die man meist einfach übernommen hat, ohne groß darüber nachzudenken. Dies beginnt bereits in unserer Kindheit. Im Erwachsenenalter werden diese Grenzen dann zum Koordinatensystem unserer Welt und zu den Grenzen dessen, was wir uns selbst zutrauen. Wir haben die Wahl, entweder diese Grenzen als gesetzt zu akzeptieren oder selbst zur Grenze dessen zu werden, was wir uns vornehmen.

Wer sich verändern möchte, muss sich bewegen. In Christinas Fall war es die Vorstellung, dass es in ihrem Leben, das ihr zunächst alternativlos erschien, noch ganz andere Möglichkeiten gibt. Markus war in einem Teufelskreis gefangen, weil er sich nicht von dem Bild seiner Idealfrau verabschieden konnte. Er glaubte lange, dass sie irgendwo existierte und er sie nur zu suchen brauchte. Anstatt das Idealbild aufzugeben, gab er die Menschen auf, denen er begegnete. Darunter war vielleicht auch eine Frau, mit der er glücklich hätte werden können. Doch Markus weigerte sich lange, sich zu bewegen. Er setzte seine ganze Mühe daran, jemanden zu finden, der seinem Kriterienkatalog entsprach. Er hatte das Glück in Stein gemeißelt. So und nicht anders. Nicht er hatte etwas zu ändern, sondern der andere hatte dies zu tun. Markus brauchte noch längere Zeit, bis er dies verstand, dann aber kam ihm die Erkenntnis, dass in seiner Denkstrategie etwas fehlgeleitet war. Ausgerechnet beim Training auf der Matte kam ihm diese Erkenntnis.

Brazilian Jiu-Jitsu

Wenn Murakami über das Laufen schreibt, als sei es untrennbar mit seiner Art zu denken verbunden, so als könne man mit dem Laufen selbst Formen des Denkens begehbar machen, dann finden wir seinen persönlichen Weg, seinem Leben Gestalt zu geben. Die Einsamkeit des Läufers kommt seinem Wesen am nächsten, während Gruppensportarten wie Fußball ihn kaum interessieren. Ebenso wenig begeistert er sich für Wettkämpfe. Hier macht Murakami jedoch eine Einschränkung. Es sei ihm schlichtweg egal, ob er gegen jemanden gewinne oder verliere, und dies gelte nicht nur für das Laufen, sondern auch für andere Lebensbereiche. Viel wichtiger sei für ihn, ob er die Ziele erreiche, die er sich selbst gesteckt habe.

Das Reizvolle an Einzelsportarten wie Laufen, aber auch Tennis oder Kampfsport ist, dass man sich klare Ziele für sein Training setzen kann. Man will eine Strecke schaffen, seinen Aufschlag verbessern oder seine Griffe am Gegner besser anbringen. Beim Laufen kann man ganz auf einen Partner verzichten, während Kampfsportarten meist einen Partner (zumindest einen imaginären Partner wie bei den Karate-Katas) benötigen. In der Ausübung seiner Bewegung, dem Timing und der Art, wie man kämpft, ist jeder allerdings auf sich gestellt. Wer jedoch lernen möchte, wie man in der Gruppe Ziele erreicht und seine Strategie auf die Gruppe abstimmt, sollte sich in Gruppensportarten versuchen. Bei Kampfsportarten finden wir größtenteils Individualisten. Keine Egoisten, die nur an sich denken und ohne jede Rücksicht ihren Sport ausüben. Beim Laufen kann man besser werden, indem man öfter und härter trainiert. Beim Brazilian Jiu-Jitsu (wie auch bei anderen Kampfsportarten) wird man besser, je stärker auch die Trainingspartner werden. Wer denkt, dass man seine Partner »überholt«, weil sie zum Beispiel eine Weile ausgesetzt haben, der hat die Kunst des Lernens nicht verstanden. Man wird nicht dadurch Weltmeister, dass man darauf wartet, dass die Gegner nicht antreten. Ist man seinem Partner beim Sparring überlegen, weil dieser die Fehler nicht nutzen kann, die man selbst macht, so erreicht man nur Fortschritte, wenn man dem Gegner die eigenen Schwächen verrät und ihn sogar auffordert, diese auszunutzen.

Beim Brazilian Jiu-Jitsu spielt sich der Hauptkampf am Boden ab. Zwar beginnt man im Stand, doch anders als beim Judo liegt der Akzent nicht auf dem Werfen. Am Boden gelten einfache Regeln. Man gewinnt, wenn man seinen Gegner (oder Trainingspartner) durch einen Arm- oder Fußhebel oder eine Würgetechnik zur Aufgabe zwingt. Es kommt dem Schachmatt im Schach gleich, weshalb das Brazilian Jiu-Jitsu auch als Bodenschach bezeichnet wird.

Fortgeschrittene oder Wettkämpfer zeichnen sich dadurch aus, dass sie ihre Techniken ohne großen Kraftaufwand anbringen, indem sie ihre Position verändern oder eine Bewegung des Gegners für sich ausnutzen. Es gibt Kämpfer und Kämpferinnen, die das Spiel ihres Gegners von Anfang an stören, um ihn zu einem Fehler zu zwingen. Dies muss an sich kein Fehler sein, der sofort zu einer *Submission* führt, also zum Schachmatt, doch es macht die Bewegung seines Gegenübers berechenbar. Wer weiß, was der andere macht, der kann ihn schon mit einer Folgetechnik erwarten, was dann – wenn dem Gegner keine Kontertechnik einfällt – zur Aufgabe oder zu einem Positionsverlust führt.

Anfänger verraten sich im Brazilian Jiu-Jitsu oft dadurch, dass sie ihre Techniken mit Kraft durchsetzen wollen. Dies geht bei einem körperlich schwächeren

Gegner, doch ist der Gegner körperlich überlegen, wirkt nur Kraft gegen Kraft. Es gewinnt derjenige, der mehr Kraft in den Armen oder Beinen hat. Wesentlich geschickter ist es, seine Position so zu verändern, dass man zum Beispiel zwei Arme gegen einen oder seine ganze Rumpfmuskulatur gegen einen Arm oder ein Bein einsetzt. Die Art, wie man seine Techniken bei dem Trainingspartner anbringt, sagt viel über den Menschen selbst aus.

Wie Murakami über das Laufen als äußere Form des Denkens geschrieben hat, kann man durch die Art, beim Brazilian Jiu-Jitsu zu kämpfen, auch auf eine innere Haltung schließen. Beziehungsweise man kann viel über sich selbst lernen, wenn man sich beim Sparring beobachtet und sich fragt, wie lernfähig man ist.

Wie trainiert man gegen schwächere und technisch wenig versierte Gegner? Nutzt man nur die körperliche Überlegenheit, oder nimmt man die Kraft zurück und spielt verschiedene Techniken durch? Lässt man seinen Gegner auch einmal entkommen und ihn eine starke Position gewinnen, aus der man sich dann selbst wieder befreien muss?

Christina trainierte vier- bis fünfmal die Woche. Eines Tages fiel ihr auf, dass sie immer in derselben Position landete. Eine unvorteilhafte Seitenlage, die

dem Gegner viel Kontrolle über ihren Arm einräum-
te. Sie stellte fest, dass sie Probleme hatte, ihren Gegner anzugreifen. Sie ließ sich sein Spiel von ihm auf-
zwingen und wurstelte sich dann irgendwie wieder
zurück ins Spiel, so gut es eben ging.

Christina schlug sich nicht schlecht. Jedoch war
sie ihrem Gegner immer einen Schritt hinterher. Sie
reagierte und wartete darauf, dass ihr Gegner Fehler machte. Machte er jedoch keine Fehler, die sie
bemerkte, verlor sie und landete in einer schlechten
Position. Das Ergebnis war, dass sie »tapen« musste.
»Warum«, fragte ihr Trainer sie, »wartest du, bis der
andere etwas macht?«

Christina wusste es nicht. Sie ahnte jedoch, dass sie
nicht nur auf der Matte wartete. Sie erkannte, dass sie
sich nicht vorstellen konnte, alleine wirklich etwas in
ihrem Leben bewirken zu können. Sie wartete grundsätzlich, bis man sie zur Entscheidung zwang. Ihr ganzes Leben lang hatte sie sich angepasst und versucht,
sich in ein Bild einzufügen, das andere gezeichnet
hatten. Ihren Platz in der Welt hatte sie nur, wenn sie
sich wie ein Chamäleon der Umgebung anpasste. Ihr
Verhalten auf der Matte war nur der Ausdruck ihrer
Lebenseinstellung. Hatte sie jemals geglaubt, dass sie
mit ihrem Tun andere Menschen beeinflussen konnte? Das sollte sich ändern.

Im Bodenkampf begann sie ihren Gegner früh zu stören. Sie griff an und stellte fest, dass ihr Gegner nur so lange dominieren konnte, wie sie es zuließ. Konnte sie sein Spiel stören, schlichen sich bei ihm Fehler ein, und plötzlich sah sie Lücken, die der Ausgangspunkt waren, um ihn aus dem Gleichgewicht zu bringen.

Ihre abwartende Haltung verschwand auch in ihrem täglichen Leben. Sie wusste, dass ihre innere Haltung auf der Matte nur reine Kopfsache war, genau wie in ihrem alltäglichen Leben. Sie lernte, auf die Wirkung ihrer Entscheidungen zu achten. Sie erkannte, wie ihre Handlungen auf ihre Mitmenschen einwirkten und sie beeinflussten. Glich sie sich an, so war ihr dies bewusst. Es war keine Lebenshaltung mehr, sondern Strategie. Sie kontrollierte, was sie wollte und was nicht. Und sie begann, Freude daran zu finden, der Herr über ihr eigenes Leben zu sein.

Menschen wie Christina erfahren sich als Selbst nur, wenn sie von den anderen darauf hingewiesen werden, dass sie sich nicht anpassen. Über die Jahre schärft sich ihre Wahrnehmung auf diese Reaktion der anderen. Sie fühlen sich erst dann richtig wohl und glauben, ganz *bei sich selbst* zu sein, wenn man sie in Ruhe lässt. Das heißt, ihr Wirken auf die Umwelt nehmen sie nur dann wohlwollend wahr, wenn die anderen sie nicht wahrnehmen. Rührt sich der andere, dann haben sie etwas falsch gemacht. Ihnen fällt es nicht ein, dass sie für sich selbst das Recht auf ein selbstbestimmtes Leben fordern können. Selbstbestimmung heißt, dass man den Regeln der anderen nur so weit folgt, wie die eigenen nicht verletzt werden. Bertrand Russell schrieb dazu treffend, dass *»man die öffentliche Meinung in der Regel nur so weit respektieren sollte, dass man nicht Hunger leiden muss oder ins Gefängnis kommt. Doch alles, was darüber hinausgeht, ist nichts weiter als sich freiwillig einer unnötigen Tyrannei zu unterwerfen ...«*[6]

Wenn man sich wie Christina nur an seinem Platz fühlt, wenn man sich dem Willen anderer unterordnet, wenn man nur gehorcht, um dem anderen zu gefallen, dann gibt es keinen eigenen Willen. Erst recht findet sich keine Spur in der Welt, dass man selbst Wirkung auf andere hat.

Wer dagegen die Ruhe des anderen stört, wird die Erfahrung machen, dass *der andere* einem vielleicht nicht mehr wohlwollend gegenübersteht. Wer die Grenzen verletzt, die andere Menschen einem gesetzt

6 One should as a rule respect public opinion in so far as is necessary to avoid starvation and to keep out of prison, but anything that goes beyond this is voluntary submission to an unnecessary tyranny, and is likely to interfere with happiness in all kinds of ways, Bertrand Russell, Conquest of Happiness (1930)

haben, und selbst in Anspruch nimmt, Grenzen zu setzen, ja selbst eine Grenze zu sein, erhält kein Wohlwollen mehr, sondern Respekt. Es kommt zu einem Perspektivenwechsel. Der andere nimmt einen anders wahr. Plötzlich erwartet er nicht mehr Gehorsam, sondern lernt von ihm oder fragt ihn sogar um Rat. Dies muss nicht unbedingt offensichtlich geschehen. Auch wenn einem der andere eher missgünstig oder sogar feindlich gegenübertritt, ist dies ein gutes Omen für die eigene Selbstbehauptung, denn Feinde verdient man sich.

Anfangs stellte Christina erstaunt fest, dass ihre Trainingspartner aggressiver geworden waren, weil sie sich nicht mehr so leicht dominieren ließ, und manchmal ging es sogar recht ruppig und unfair zu, doch mit der Zeit verschaffte sie sich Respekt. Sie ließ nicht mehr alles mit sich machen. In ihrem Leben hatte Christina vor allem eines gelernt: Menschen, die nur deshalb ihre Freunde waren oder ihr irgendwie wohlgesinnt waren, weil sie sich nicht wehrte und sich immer unterordnete, waren niemals ihre Freunde. Sie gehörte lediglich zum Hofstaat selbst ernannter Tyrannen.

Störe von Anfang an ... lass den anderen erst gar nicht sein Spiel machen.

Wenn man sie jetzt als arrogant, aufmüpfig und als

Zicke bezeichnete, so fasste sie es als Kompliment auf. Sie wusste ja, von wem es kam.

*∗ *∗ *∗*

Markus trainierte seit eineinhalb Jahren Brazilian Jiu-Jitsu. Anfangs wollte er nur Sport machen, um abzunehmen. Kampfsport hatte ihm schon immer gefallen. Joggen oder Gewichtstraining war ihm zu langweilig. Er brauchte einen Gegner, um sich richtig zu fordern. Die Monate Training ließen Markus ehrgeiziger werden. Er wollte nicht nur schwitzen, sondern die technischen Feinheiten dieses Sports lernen. Bei technisch besseren Trainingspartnern sah Markus, dass sie auch körperlich überlegene Sparringspartner zur Aufgabe zwingen konnten. Nur Markus kam mit kräftigeren Gegnern nicht zurecht. Seine Techniken führte Markus immer mit Kraft aus. Sein Problem war, dass er sich nur auf seine Kraft konzentrierte. Wenn sein Sparringspartner seinen Angriff verteidigte, setzte Markus noch mehr Kraft ein, um seine Technik trotzdem durchzusetzen. Das ging natürlich nur, solange sein Gegner weniger oder zumindest gleich viel Kraft hatte.

Wenn du nur Kraft einsetzt, dann spürst du deinen Gegner nicht.

Der Grund, warum Markus nur seine Kraft einsetzte, war, dass er bei jedem Sparring immer nur ein Bündel von Techniken im Kopf hatte, die er anwenden wollte. Er achtete weniger auf den Gegner, was dieser ihm für Lücken bot, auch griff er nicht an, um zu sehen, was sich für Möglichkeiten eröffneten, sondern er wollte seine Techniken schablonenhaft anwenden. Das heißt, er hatte schon vor der ersten Bewegung auf der Matte im Kopf, was er für Techniken machen werde, und wenn er zum Beispiel in der vorteilhaften »Sidemount« war, dann wollte er unbedingt eine Armbartechnik ansetzen, obwohl sich diese gar nicht anbot. Das Ergebnis war, dass er mit aller Gewalt an dem Arm seines Gegners zerrte, um diesen vom Körper zu isolieren.

Es dauerte lange, bis Markus den Zusammenhang zwischen diesem »Festhalten an Kraft« und seinen »festen Vorstellungen« begriff. Der Einsatz von Kraft war vergleichbar mit dem Willen, den anderen in ein festgefügtes Schema zu pressen. Ein Schema, das ein Ergebnis von Markus' bewussten Wünschen war. In diesem Plandenken fühlte er sich sicher. Daher mussten seine *Traumfrauen* auch diesem Raster entsprechen. Es gab ihm Sicherheit. Nur die Realität (der andere) passte nicht in diesen Plan. Und nur mit erheblichem Kraftaufwand konnte er seine Idealvorstellungen aufrechterhalten, indem er immer wieder aufs Neue Menschen an sich heranließ, um sie dann wegzustoßen, sobald er ihren *Makel* nicht mehr ertrug. Doch das *Makellose* gab es nur in seiner Idealvorstellung. Der *wirkliche andere* hatte einen fundamentalen Makel an sich:

Der andere ist ein Spiegel mit einem blinden Fleck.

Der andere stellt unser Bild, das wir von ihm haben, in Frage, sobald wir ihm begegnen. Tut der andere dies nicht, dann ist man ihm nie begegnet – dem *wirklichen anderen.*

Für Markus war es an der Zeit, seine Strategie beim Sparring zu überdenken. Weniger Kraft, den anderen in seiner ganzen Unberechenbarkeit zulassen, um ihn dann auszutricksen. Entscheidend war für Markus, dass er sich auf den anderen einließ. Keinen Plan, den man nicht schnell verwerfen konnte, denn es gab immer einen anderen Weg.

Wenn der Aufwand, einen Plan umzusetzen, so groß ist, dass seine Verwirklichung keinen Gewinn mehr darstellt oder nur mit übermäßigen Schmerzen bezahlt werden muss, dann taugt nicht nur der Plan nicht, sondern auch die Art, in Plänen oder Idealvorstellungen zu denken.

✷ ✷ ✷

Auf der Matte musste Markus sich mehr bewegen und auf seine Kraftakte verzichten. Stattdessen versuchte er, den anderen zu fühlen.

Bei seiner Partnersuche hatte er keine Wunschlisten mehr. Es dauert, bis man täglichen Lebensrhythmus, körperliche Bewegung und Denken in Einklang bringt. Es kommt meist nicht von allein. Es ist ein hartes Stück Arbeit. Für Markus hat es sich gelohnt. Er hat eine Freundin gefunden, mit der er zusammenwohnt. Auf die Frage, welche Gedanken er im Kopf hatte, als er seine Freundin das erste Mal getroffen hatte, antwortete er: »Ich wollte einfach nur eine schöne Zeit mit ihr verbringen. Wie lange dies dauert, war mir egal. Bis jetzt klappt es gut.«

Der Atlas des Ichs

Das Prinzip der Bewegung ist nichts, was sich in Gang setzt, wenn man es für sich gefunden hat. Man entdeckt es. Es ist schon immer da. Sie denken (selbst schlafend arbeitet Ihr Gehirn, wenn es die Ereignisse des Tages verarbeitet), Sie bewegen sich, nehmen bestimmte Haltungen ein, in denen Sie für Minuten oder Stunden verharren, Ihr Organismus ist in ständiger Bewegung, Ihr Herz schlägt, wenn es Sauerstoff in Ihr Gehirn transportiert.

Nehmen Sie sich, nachdem Sie dieses Buch gelesen haben, einmal die Zeit und lauschen Sie nur dem Schlag Ihres Herzens. Diese innere Unruhe, die im Zentrum Ihres Lebens steht. Folgen Sie Ihrem Atem. Verändern Sie ihn, lassen Sie ihn fließen, halten Sie ihn an für einige Sekunden, spüren Sie, wie er sich nach einigen Kniebeugen beschleunigt, und bilden Sie dann ein Denken zu dieser Bewegung. Was geht Ihnen durch den Kopf, wenn Sie dem Schlag Ihres

Herzens lauschen? Lassen Sie sich nicht beunruhigen, wenn Ihnen nichts Konkretes einfällt. Hören Sie erst einmal *bewusst* dem Rhythmus Ihres Herzens zu. Bewusst können sicher nur geübte Menschen durch Meditation ihren Herzschlag beeinflussen. Dieser ist sozusagen der Grundton ihres Bewegungsatlas. Über den Atem haben Sie schon mehr Kontrolle. Atmen Sie dann bewusst ein und aus. Spüren Sie, wie Sie Ihren Atem kontrollieren können. Erweitern Sie Ihren Bewegungsatlas. Machen Sie eine Faust. Legen Sie die Kraft in das Öffnen und Schließen Ihrer Hand. Gehen Sie dann bewusst ein paar Schritte. Sie werden sehen, dass bewusstes Gehen anstrengend ist. Wer schon einmal einen Unfall hatte und zum Beispiel Laufen wieder neu lernen musste, der weiß, wie langwierig dieses Wiedererlernen ist. Es ist anstrengend, weil man bewusst etwas tun muss, was sich normalerweise im Hintergrund abspielt. Wenn Sie über jede Bewegung nachdenken müssten, wenn Sie zum Bäcker gehen, um Brötchen zu kaufen, würde Sie dort nie ankommen. Doch in diesen unbewussten Bewegungen und Haltungen verbirgt sich Ihre ganze Lebenshaltung – wie der Ausdruck des Bildhauers in der Geste einer Statue.

Wollen Sie aber mehr über sich erfahren beziehungsweise über das, was Sie versuchen zu vermeiden zu sein, dann ist es notwendig, den Bewegungen und Haltungen Ihres Körpers zu folgen. Denn nur was bewusst ist, können Sie auch verändern. Die körperliche Bewegung oder Haltung ist nur ein Aspekt Ihrer geistigen Haltung. Es ist sozusagen ein Spiegel Ihres Inneren. Auf der einen Seite ist Ihre körperliche Haltung, Ihre Art, zu gehen, zu rennen, in Wettkämpfen mit anderen zu ringen oder allein eine lange Strecke zu laufen, und auf der anderen Seite ist Ihr Denken in Sprache und Bildern. Beides treibt um eine Mitte, die selbst keine Ausdehnung hat, keinen Platz einzunehmen scheint, weder in Zeit noch Raum ist: Es ist der Ort Ihres Ichs.

Sie werden feststellen, dass der Atlas Ihrer Bewegungen sich immer weiter verfeinert, je genauer Sie Ihre Bewegungen und Haltungen studieren. Je bewusster Sie sich der Feinheiten werden, desto detaillierter wird das Bild, das Sie von sich haben.

Wandern ist zum Beispiel nicht gleich wandern. Es ist ein Unterschied, ob Sie lieber in den Bergen, am Meer oder über weite Ebenen wandern. Der Bergwanderer braucht den Widerstand und das Erlebnis, einen Gipfel geschafft zu haben. Seine Motivation braucht klar gesteckte Ziele, die sich kurzfristig realisieren lassen, und er muss den Widerstand spüren, um diese zu erreichen. Setzt man den Bergwanderer

an einen weiten Sandstrand oder in eine flache Landschaft, dann ist es schwer, diesen Menschen überhaupt in Bewegung zu bringen. Der Blick in die Ferne
zu einem Punkt, den er nur über lange Anstrengung,
vielleicht nach tagelangem Marsch erreichen kann,
entmutigt ihn. Der Bergwanderer braucht die Vorstellung, dass er nicht genau weiß, was nach der nächsten
Kante oder dem nächsthöheren Felsvorsprung kommen wird. Der Anstieg und der Weg sind für ihn Hal-
tepunkte, die ihn zum Weitergehen bringen. Der An-
blick des offenen Meers, das Fehlen des Unterschieds
über dem gleich ausgedehnten Horizont geben dem
Bergwanderer keinen Halt. Er verliert sich in der Weite, ohne dass er einen Schritt gewagt hat. Ein Seemann
braucht dagegen die unermessliche Weite des Hori-
zonts, das scheinbar unveränderliche Vorankommen
mit einem Schiff, das abstrakte Navigieren im Unter-
schiedslosen. Er braucht keine Ecken und Kanten,
sondern er sucht den gleichmäßigen Rhythmus, ähn-
lich wie ein Langstreckenläufer, der sich seine Kräfte
einteilt. Der Langstreckenläufer, der Wanderer in der
Ebene und der Seemann sind Menschen, die voran-
schreiten, ohne unbedingt den Erfolg eines kurzfristi-
gen Ziels zu brauchen. Sie verfolgen Ziele, die sie erst
nach langer Anstrengung erreichen.

Gleiches gilt für Kampfsportler. Jemand, der Karate

dem Ringen vorzieht, ist charakterlich anders als ein Bodenkämpfer. Interessant ist es für jeden jedoch, zu wissen, warum man gerade dies oder jenes zu vermeiden sucht.

Jeder Bewegungsatlas, den man von sich erstellt, sieht anders aus. Die Schwierigkeit, etwas zu fassen, was man immer schon unbewusst tut, liegt darin, dass man eine bestimmte Haltung oder einen Gang nicht als solchen fassen kann. Es ist wie der Fisch, der keinen Begriff vom Nass des Wassers hat. Um eine Idee vom Nass zu haben, müsste der Fisch eine Möglichkeit finden, das Trockene zu erfahren. Für den Fisch könnte dieser Versuch mit erheblichen Gefahren verbunden sein. Um sich die täglichen Rituale und Bewegungsmuster bewusst zu machen, muss man normalerweise keine großen Gefahren auf sich nehmen. Wer seinen Atem bewusst erleben möchte, kann für einen Moment die Luft anhalten oder den Atemrhythmus willentlich ändern. Die Differenzhaltung öffnet Raum für Wissen über das, was sich unserer Erkenntnis normalerweise entzieht.

Wer angestrengt langsam läuft, so, als liefe er unter Wasser, spürt den Unterschied zu seinem normalen Gang. So ein Zeitlupengang, bei dem man sich beispielsweise auf das Abrollen des Fußes konzentrieren kann oder auf die Haltung des Oberkörpers, den

Schwung der Arme oder auf die Atmung, ist eine bewusste Schattierung, mit der man später auch seine normale Gangart fassen kann.

Nachdem man sich mit seiner körperlichen Haltung oder Bewegung beschäftigt hat, kommt der nächste Schritt. Welches Denken verbinde ich mit dieser Bewegung? Was empfinde ich, wenn ich zu Bergwanderungen aufbreche, und warum halte ich es zum Beispiel nicht lange an einer flachen Küste aus?

Auch tägliche Gewohnheiten wie Sitzhaltung oder die Art, sich in der Stadt fortzubewegen, können den Einstieg für eine Kartographierung eigener Bewegung und der damit verbundenen Denkhaltung sein.

Haben Sie schon einmal darüber nachgedacht, warum Sie lieber die Rolltreppe nehmen, anstatt die Treppen zu laufen? Gründe dafür finden Sie sicher genug. Doch wie würden Sie sich beschreiben, wenn Sie sich aus der Sicht eines anderen sehen könnten? Es muss ja nicht alles eine Bedeutung haben, antworten Sie. Nun, es geht auch nicht um die Bedeutung an sich, die Sie vor anderen vertreten, sondern es geht um die Bedeutung, die Sie dieser Haltung zuschreiben. Sie selbst zeichnen einen Bewegungsatlas Ihrer eigenen Person und niemand sonst.

Heraklit

Wenn wir am Abend nach langer Wanderung Heraklit am Lagerfeuer träfen, die kühle Nachtluft im Rü-
cken und das Gesicht von den Flammen erhitzt, dann
sähen wir, dass seine Füße in den Sandalen wund-
gelaufen sind und die Lippen rissig von der Sonne.
Vor zweieinhalbtausend Jahren wäre Heraklit nur ein
Wanderer gewesen, wir wären keinem Philosophen
begegnet, der zwei Jahrtausende später Philosophen
wie Hegel beeinflusst haben würde, wir sähen in die
müden Augen eines Mannes, der viel herumkommt,
und seine Worte hätten noch keine tiefere Wahrheit
als die eines Wanderers. Unsere Füße schmerzten wie
die seinen, und wir wüssten, was es heißt, im Laufen
einen Gedanken zu heben, wir wüssten, was Heraklit
meint, wenn er sagt, dass der Weg auf und ab ein und
derselbe ist. Wir hätten nicht nur eine Ahnung des
Weges, wir wären ihn selbst gegangen. Wege steigen
vor uns an, der Aufstieg ist anstrengend, dann fällt der

Weg wieder ab, und unsere Kraft, die wir zum Aufstieg brauchten, ist nun nötig, um den Abstieg zu bremsen. Der Weg ist genau dieses Auf und Ab, und wir wissen, dass dies in unserem Leben nicht anders sein wird.

Sitzen wir nach getaner Arbeit am Abend nun in der Stille der Nacht am Feuer und lehnen uns müde zurück, dann erklärt uns der Wanderer aus Ephesos, dass wir nicht ausruhen, wenn wir uns zurücklehnen und nichts tun.

Wir ruhen uns wandelnd aus. Auf dem Weg. Müdigkeit schleicht sich ein, wenn wir immer nur dasselbe tun, wenn wir uns an feste Vorstellungen klammern und wenn wir von diesen beherrscht werden.[7]

Wir freuen uns auf den nächsten Tag, wenn wir unsere Wanderung fortsetzen werden. Wir kennen zwar den Weg, den wir gehen wollen, doch wir wissen auch, dass viel passieren kann und wir Umwege machen werden, und auf diese freuen wir uns besonders. Am Ende unserer Reise werden wir auf unseren Weg zurückblicken, einen Weg aus Zufällen und Um-

---

7 Die Übersetzung des Originaltextes stammt von Hans Zimmermann. Ich beziehe mich auf seine Online-Kommentare zu den Heraklit-Fragmenten: griechisch nach H. Diels & W. Kranz, Berlin 1903 (DK 22 B) / deutsch Hans Zimmermann 2007, »Aphorismen, Fragmente des Philosophen HERAKLIT aus Ephesos, 535–475 v. Chr.« http://12koerbe.de/pan/heraklit.htm

wegen, aus Scheitern und Überwindung. Zwar wollten wir ankommen, doch auf unserem Weg haben wir uns verändert. Wir sind nicht mehr dieselben, die wir vor unserer Reise waren. Wie lange muss diese Reise dauern? Das bleibt jedem selbst überlassen. Nur eines gibt uns der Wanderer Heraklit noch mit auf den Weg, bevor wir am nächsten Tag wieder getrennte Wege gehen:

Wenn du das Unerwartete nicht erwartest, dann wirst du es auch nicht finden. Dann bleibt es unaufspürbar und verschlossen.[8]

8 siehe oben

Danksagung

Ich möchte all denen danken, die mir mit ihrem Wissen und ihren Ratschlägen bei diesem Buch zur Seite gestanden haben. Meiner Frau danke ich für ihre kritischen Kommentare und ihre Ausdauer, mir den Alltag zu erleichtern. Meiner Tochter danke ich einfach, dass sie da ist. Sie kann noch nicht lesen, aber dafür stellt sie schon Fragen, die gar nicht so einfach zu beantworten sind.

Meinen Eltern danke ich fürs Lesen meiner Manuskripte, ihre Unterstützung in all den Jahren, und, ja, es ist nicht einfach, Kinder aufzuziehen.

Meiner Agentin Petra Eggers danke ich für die kritischen Anmerkungen und Verbesserungsvorschläge. Großen Dank an Reinhard Rohn für seinen wachsamen Blick über den Text – ohne ihn hätte das Buch bis heute keinen Titel.

Besonderen Dank auch an Ulf Ehlert für Details beim Brazilian Jiu-Jitsu. Gürkan Baydogan für die

Anmerkungen zum Manuskript und die Spazier-
gänge. Nicht zu vergessen meine Trainingspartner,
die mich immer wieder daran erinnern, dass Wissen
nicht gleich Tunkönnen bedeutet.

Dankbar erinnern möchte ich auch an den Philosophen Jacques Derrida (1930–2004), von dem ich lernte, dass Philosophie mit dem eigenen Leben beginnt.

Berlin, Dezember 2014
Christian Buder